あなたの運を上げ願望を叶える専門家

プロフィール・得意とする相談内容・手法・料金・連絡先

ベスト34人

スバ抜けた能力で解決!

「心とからだとお金の悩み解消プロジェクト」特別取材班・編

あなたは今悩みがありますか？

不安を抱えていますか？


大丈夫です！　悩んでいるのは、あなただけではありませんから。

一見すると何の悩みもないように見える人でも、実は大きな悩みを抱えていたりすることは、しばしばあることです。

外に見えないようにしているだけで、実はほとんどの人が悩みを抱えているのです。


悩んでいる最中はほんとうにつらいですよね。

その苦しさわかります。


一方、社会を見渡してみても、不安だらけです。

コロナは終息しつつあるとはいえ、物価高や経済危機などが山積みとなったままの世の中です。政府は、増税など国民を守るどころかあからさまに切り捨てていく方針を次から次へと打ち出しています。

また、寿命が延びた今、もはや老後という言葉の定義は変わってきています。

働かないと生活が苦しい現実ですが、社会のシステムは変わらないため経済的困窮、いきがいの喪失、それらによるストレスからの健康被害と悪循環となっています。

こうした世の中で、みな目先のことで惑わされて、自分自身を置き去りにして生きています。先の見えない迷路のなかで迷子になってしまっている人がほとんどです。

本当は身体も心も疲弊しているのに、元気なふりをして、楽しそうな自分を作り上げてＳＮＳに投稿したりしてみたり……。

どんなにがんばってみても、つらく苦しい、また、迷ってしまって方向がみつからない。

そんなときは、どうか一人で抱え込まないでください。

ここにいる34人の先生はあなたの味方です。

あなたを幸せへと導く準備をして待っています。
そして、今あなたに起きている悩みをいっしょにみていきます。

ここにいる34人の問題解決の専門家の先生方も、いまのあなたと同じように、ある人は病魔に襲われ、ある人は倒産の危機に遭い、ある人は言いようのない生き苦しさのなかでもがいてきました。

先生方おひとりおひとりそうした悩み、問題を乗り越え、そこで得た数々の学びや気づき、研究結果を磨き上げ、体系付け、多くの悩める人の伴走者となり、解決にあたってきた人たちです。

全国の問題解決のプロのなかでも、選りすぐりの先生を探し、インタビューをして本書を作りました。

人生に大きく関わってくる運を上げて、あなたの望む人生へと導いてくれる先生もいます。いろいろな角度からアプローチできるように、多種多様な施術や鑑定方法の先生をご紹介させていただきました。

この先行き不透明な時代を乗り越えるためには、ぜひとも、先生方にご相談されることをお勧めいたします。

収録にあたり、【得意とする内容】を明記しています。

これを参考にぜひ、あなたにぴったりの先生を探して訪ねてみてください。

もちろん先生方にも得手・不得手はあり、あなたとの相性もあるでしょう。

もし、一人目の先生が合わなかったとしても、別の先生にあたっていただきたいと思います。

必ずや、あなたの探し求める先生に出会えることでしょう。

2023年4月吉日　「心とからだとお金の悩み解消プロジェクト」特別取材班・編

（順不同）

悩める人、自分らしく生きていきたい人に
伝えたいこと
大丈夫、自分の心に従えば
きっとうまくいきます

そらとうみ

永田《ながた》しのぶ先生

得意とする内容：女性の能力開発、魂の解放、人生の方向性、起業、人材育成
解決手法：チャネリング、ヒプノセラピー、ヒーリング、養成講座
解決方法：対面　遠隔 ZOOM　電話
時　間：要予約
料　金：お問合せください
住　所：滋賀県大津市（JR 大津京駅徒歩5分）
電　話：「そらとうみセラピスト協会」080-6108-1634 までお問い合わせください。
ホームページ：https://www.sora-umi2011.com/

子どもの頃から自分を見守る存在を身近に感じつつ、人としての生き方、自分のしたいことを探りながら歩んできたという永田しのぶ先生。

たくさんの人々を癒し救ってきただけでなく、育成者としての優れた素養を発揮してきた。お話を伺うと、先生のもとで学び、多くのヒーラーやカウンセラーが羽ばたいているというのも道理と感じる。「ヒーラーになりたい」「弟子を育てたい」という思いから発生したことではなく、自然にそうなっていった。それが永田先生の歩みを語るのにふさわしいように思えるからだ。

主宰してきた「そらとうみセラピスト協会」では、この数年、永田先生としては「手放すこと」をテーマにしてきた。そして今、先生は次のステージへと進もうとしている。セラピーや養成講座もいったん手放している。それもこれまで通り、自然の流れに沿った歩みだという。その言葉に揺らぎはない。

人々を癒し、救い、育てることから離れて、自分の心のままにしたいことを追いかける。そんな先生が、旅立ちのメッセージとして本書に言葉を寄せてくれた。

本書の内容とは少し離れるが、この世界の真実として、混沌の現代を生きる人々への道標として、本書の冒頭にそのメッセージを紹介したい。

■したいことに突き進む、でもムリはしない

ヒーラーやカウンセラーとして、そして育成者として十分な務めを果たしたということだろう。先生を見守る存在も、今回の旅立ちを止めなかったという。

「自分の本心が止めることは基本的にしません。止められてもやってみたらどうなるのか、試しにやってみるとか、どうしてもやってみたいと思ったからやってみたとか、そういう経験はあります。でも、やはりうまくいかない。それがわかっている今となっては、本心からのストップは尊重すべきものとして従うことにしています」。

もしどうしてもしたいことを止められたら？　たとえば今回、次のステージに行くことを止められたとしたらどうしたのだろう？

「その場合は、やはり今ではないと思いとどまったでしょう。でも、時が熟したからこそ、そうしたいと思ったという言い方もできます」。

そもそも、これまでやってきたことや、それに関することにストップがかかったことも、行き先を考えるきっかけだった。

ある日突然、先生が運営していたウェブサイトが、消えてしまったという。下書きのデータまですべてだ。ウェブサイトの管理会社によれば、本人が消さない限り、そんなことは起きないというが、永田先生は決して消していない。

さらに、それならば新しいウェブサイトを作ろうかと思ったところ、やはりうまくいか

ずストップがかかる。

「これはもうウェブサイトで人を集めるようなことはするな、と言われているのだとわかりました」。

ブログも同様に、先生自身がこれまで発信に使用したものが、ことごとくトラブルに見舞われていく。同時に、これまでやったことのなかったビジネスの世界に身を置いてみたいという気持ちが湧き上がってきたというのだ。確かにこれは、そうなるべくしてなっているということなのだろう。

このことを先生は「思考の世界からの卒業」という言葉で表現する。

今回のメッセージのなかでも大きな柱のひとつであるが、今の時点での集大成であることの話の前に、先生のこれまでの歩みを伝えておく。

■すべての人にサインは来ている

永田先生にとって本心からのメッセージは、あって当たり前のものだった。若い頃は言うことを聞かず、前述のように実験的に、もしくは執着などから思いを押し通そうとしたこともあった。しかし、結果もまた前述の通りうまくいかなかった。ときには誰もいないのに髪の毛を引っ張られて転んだりしたこともあったという。

お弟子さんにはよく聞かれた。「なぜ先生にはストップがかかるのでしょうか?」「自分にはどうしてメッセージが来ないのでしょうか」と。

マンツーマンの濃いセッションでは多くの人が気付きを得ていった

先生は断言する。「すべての人にメッセージは届いています」。

届いていないというのは気づいていないだけ。感じないようにしているだけだと。これを今回伝えたいことのひとつとして、じっくりと話してくださった。

「自分の身の回りや、内側との関係性を気にしていないとわからないことです。サインは絶対に来ている。それを受け取り、メッセージを感じ取る。それが大切です。心のことを学んだからとか、訓練をしたからではなく、意識しているかどうか。自分の気持ちに素直でいるかどうか。今の時代、自分自身の気持ちがわからなくなっている人が多いですね。

そのためにヒーラーやカウンセラーのサポートを必要とする人や、心の世界を学びたいという人が増えているのだと思います。学びや訓練で、気づきを得られるようになることは、もちろんありますから」。

■周囲に驚かれても自分にとっては自然なことを

メッセージは続くが、ここで先生のこれまでの歩みを紹介したい。

先生が自分は周囲とは違うと意識したのは幼稚園児の頃から。親や兄弟にも言わず、小学校では自分から人に接することはせず、周囲としゃべらずに1人で過ごしていたという。今の明るく太陽のように人を惹きつける先生を見ているとと信じられないが「ホンマ、ホンマ」と笑う。

自分のことを強運と思ったことはないけれど、守られている、自分は大丈夫という感覚はあった。

高校生のときから家庭教師をしていたこともあり、大学卒業時には大手学習塾の講師に就職が決まっていた。子どもに勉強を教えたり、一緒に将来の夢の話をしたりするのが好きだったという。

それがなぜか、入社前日に気持ちが変わり、求人広告で見た自己啓発系のプログラムを販売する会社に就職してしまった。入社当初から周囲も驚く営業成績を上げ、とにかくめちゃめちゃ売っていた。

ところがある日、飛び込みで営業した会社の社長に「これを買ったら成功するというなら、自分が成功してから来い」と言われる。

「それもそうやな」と思った23歳の先生は、会社に戻りその場で退職してしまう。「明日から働きます」と言って入社し、丸1年で「今日で辞めます」と退職したのだから、周囲もその型破りな行動力に驚いたことだろう。

途中の詳細は割愛するが、その後、結婚して育児に勤しむ。子どもが3歳と小学生の低学年の頃、リーマンショックで夫の給料が3分の1程度に減額してしまった。家庭教師は細々と続けていたけれど、このままではまずいし、自分もそろそろ何かしたい。何をしよう？

模索していたとき、友人に軽い感じで「しのぶちゃんと一緒にいると癒されるから、そういう仕事をしたらどう？」と言われた。

ところが当時の先生は、占いやスピリチュアルにまったく興味がなかった。そもそも自分でなんでも決めてきたし、いつも自分の本心に聞いていた先生自身には、必要がないのだ。だから「人を癒す仕事」といわれても「何それ？」「そんな仕事ってある？」という感じだったという。

■ゼロからいきなりスピリチュアルの世界へ

自分自身には必要ないけれど、そういうサポートを必要としている人がいるなら人のためになれるかもしれない。「そういう仕事ができたらすごくいいな」という気持ちが湧いてきた。そのタイミングで友人が有名な霊能者に会いに行くというのを聞いてついていくことにした。

セッションを受けてみて、言われる内容自体はわかっていることなので気にならなかったが、どうしてそんなことがわかるのだろうと不思議に思い興味がつのった。そして、半年後にはチャネリングとヒプノセラピーを習いにいっていた。スピリチュアルの世界とは無縁、セラピーもヒーリングもまったく知らない状態から。

タイミングと興味が合えば、どこまでも突き進むのが永田先生なのだろう。当時盛り上がっていたバシャールの本を読み「この本を読んでいるあなたは、すでにチャネリングができています」という言葉が腑に落ちたのだ。

また、ヒプノセラピーを勉強したことも大きかった。誘導したり、答えを出そうとしたりしてはいけない。とにかく話を聴いて寄り添って、潜在意識のふたを開けて全部を認めていくのが基本のセラピー。そんなヒプノセラピーに感銘を受けた。

さて、いよいよ本格的にチャネラーを目指し、大阪に習いに行くことにした。しかし、お金がない。交通費さえない。子どもの貯金箱からこっそり交通費を借りて、まずは説明を聞きにいった。

ところが受講料が80万円だという。これには先生も「ウソやろ?」と驚いた。交通費もないのに80万円なんて払えるわけがない。でもどうしてもやりたい。そこで、とにかく申し込んで帰ったというから驚きだ。

子どもに掛けていた保険を解約したらいくらになるか調べた。絶対足りないと思っていたが、コツコツ払い込んでいたこともあり

75万円になっていた。さっそく解約し、さて、あとの5万円をどうしようか。算段がつかないまま受講開始の日を迎えた。

会場で「これが全財産です。交通費も残らないくらいです。でも受講したいんです」として、75万円を差し出した。受付の女性は大笑いをセミナーの主催者の上本真砂未先生に電話をしてくれた。「面白い子やな、5万円はまけてあげや」。上本先生の言葉で、無事受講できるようになったという。

そうして2カ月の受講を終え、卒業した次の日に自分でサロンを開業した。それもまた驚きの話だ。しかし、永田先生の話をずっと聞いていると、すでにそんなことでは驚かなくなってくるような気がする。

■内面に従えば、すべてがなるようになる

すぐにサロンが開けたのは準備万端に思えるが、それも自然な導きがあってのことだった。友人から「マンションの部屋が空いているのだけれど、しのぶちゃん、何かやれば？」と声が掛かったのは、チャネリングやヒプノセラピーを習い始める前のこと。

「そうは言われてもお金はないし、当時の私ができるのは塾ぐらい。でも塾は夜だから小さい子どもがいては無理です。ところが実際に部屋を見に行ったら、目の前に琵琶湖がバーンと広がる眺望に心が奪われてしまいました」。

何も決めないまま「借りたい！」とお願いし、4LDKの部屋を駐車場、ネットなどの

経費込みで2万円で貸してもらった。常識外のことだけれど、先生には、常識なんて関係ないことが次々に起きる。こうして箱だけは用意されていったのだ。

そこでスピリチュアルのサロンを開くことを決めた頃、友達がネイルサロンに行くというのでついていった。自分はお金がないからネイルはやってもらえない。ただの付き添いだったが、そこで、ネイルサロンの白いテーブルとイスのセットに目を奪われる。

「素敵ですね。いいな」と感想を伝えたら「いりますか?」と言うではないか。実は引っ越しが決まっていて、持っていけないのだけれど気に入っているのでもったいなく、もらってくれる人がいたらうれしいという。

なんというラッキーな偶然(先生には日常だが)。でもどうやって運ぶ?

ネイルの施術を受けた友人が「夫が休みで家にいるから運んでくれるか頼んでみる」と。初めて会う友人の夫は「なんだかわからないけれど買っちゃった」という新品の照明器具を2つ持って現れ、イスとテーブルを先生の

目の前に琵琶湖が見えるセッションルーム

家族のように仲の良い生徒さんたちと琵琶湖を見ながらのクリスマスパーティー

サロンに運んで、買ったばかりの照明器具をプレゼントにしてくれた。

こうして僥倖《ぎょうこう》に満ちたサロンはオープン。

でも集客はどうする？

チャネリングを受けてみたいとやって来た友人が、感動してイベントに出店してほしいと申し出てきた。「せっかくだからやってみようかな」と軽い気持ちで引き受けたら、イベントの事務局に予約の電話が止まらない。チャネラー仲間も誘い2人で参加したが、トイレにも行けない怒涛の人気ぶり。

イベントでチャネリングを体験した人たちの口コミにより、すぐに滋賀県中の主婦が集まってきているのかというくらいの人気サロンになる。そのままコロナ前まで10年くらい、朝9時から夜の10時くらいまで、毎日ずっと人々を癒す日々だった。

最初はもちろん個人セッションから始め、チャネリングやヒプノセラピーで悩みを解消していた。やがて3カ月後には自分もヒーラーになりたいという人が増えて講座をつくるに至った。

■僥倖に満ちたワープ

こういった先生の来し方を知ると、本書への先生からメッセージがとてもよくわかる気がする。

たとえば誰にでも必ず訪れているサインやメッセージ。それに気づいているから、自然に物事がスムーズに進んでいく。それを先生は「ワープする」と表現する。それは僥倖に包まれるということでもあるだろう。

逆に、スムーズに進まないことはストップのサインということだ。

「自分の感覚でやりたくないなというときも頑張ってしまう人が多いですね。頑張らないといけない、いつまでにしないといけないと無理をしてしまう。そうではなく、もっと自分の内面を大事にして、自分を信じてみてください。気が進まないのなら、1回休んで自分の感覚に従ってみて。そんなことできないという人も多いですが、できないと思い込んでいるだけです。必要なことならできます。そして、それでもやることが必要だとしたら、休んでいるうちにまたやる気が出ます。スムーズに進むようになっていきます」。

「真面目な責任感」と「損をしたくないと

いう欲の気持ち」や「自分だけがいい思いをしたいというエゴの気持ち」それらは相反するように思えて「自分の内面を無視する」という意味では同じだ。それを続けていると、いずれは病気になったりお金を失ったりと、どこか何かがうまくいかなくなる。

そして、したいことや欲しいものを我慢することもまた自然ではない。「今はやめておこう」と自分自身が思うのならいいけれど「自分にはふさわしくない」「こんなことをしたらどう思われるだろうか」などといった意識で我慢をすることは自然に反することだ。

それは自分の気持ちと他人の目や意識を混同していることであり、やりたいことに飛び込まない、欲しいものを得るための行動をしないことへの言い訳ともいえる。

内面（自分の本心）に従っていれば、ワープするがごとく、周囲も巻き込んで発展していくはず。ただしそれは自分でしっかり動いた上でのこと。怠け心から動くことをせずに、単に自分の利益ばかり考えたり、ただ待っていたりするだけでは成し遂げられない。それも先生が説いていることなのだ。

「やれるだけのことを集中してガーっとやる。したいことならできますよね。しなくてはいけないとか、こうしたほうがいいからとかではなく、ただただ、したいからする。そうしながら自分の内面に向き合いサインを意識すれば、物事は自然となるべきように、つまり自分のしたいように、うまく回っていくんです」。

先生の講座からは何人もの人気ヒーラーや占い師が誕生している

■思考の世界からの卒業

そしてもうひとつ。永田先生からの大事なメッセージを伝えたい。

冒頭に述べた「思考の世界から卒業しよう」ということだ。

思考の世界とは、言い換えれば条件付けや限界、常識や欲をベースにした世界ということ。「これをしたのだからこうなるはず」という思考。

これもやはり前述の話につながる。現代社会では、たとえば、シンギングボールを回すにしても、「癒されたい」「気づきを得たい」だからボールを回すという人が大半を占める。それは思考にとらわれた行動だ。

そうではなく、シンギングボールを回すの

が楽しいから回す。結果にとらわれずしたいことをするということ。この意識は簡単には自分のものにならないかもしれない。考えてしまうとうまくいかないからだ。

たとえば執着というエゴや欲がある。「これがほしい」「これがしたい」という気持ちが執着なのか、本当に自分がしたいだけの内からの気持ちなのか。すべてがスムーズに進んで手に入る場合、それは執着ではないはず。内面から生まれたものだからワープできたということだろう。

そして、何かうまくいかないというときは、執着であることが多い。そうでなくても「ストップしろ」のサインであることは間違いない。

その判断がうまくつかないとき。そんなと

そらとうみ主催のイベント「ハッピーフェスタin難波神社」

きは「したい」「ほしい」気持ちをしばらくほっておいて、様子見をしてみることを先生は勧めてくれる。「しばらく様子を見ているうちに、するべきことは自然にできるようになります。自然に物事が進んでいきます」。

目的をもつことは悪いことではない。ただし、現代社会における一般的な意識は、むしろ目的をもつことはいいこと、目的がないとダメだというものだろう。しかし、それはどうしてもエゴや欲につながるものだということに気づいてほしい。

思考の世界には、本質の自分はいない。思考の世界を卒業することで、何にもとらわれない素のままの自分として存在できると先生は言う。

「そこから卒業すると、本当に楽になります。究極の自分を生きられると言えるのかもしれない」。

もちろん、ヒーラーとして活動しているときの永田先生には、発信のためのウェブサイトやブログが必要だった。しかし、それが必要なくなれば、自然に消えていく。去っていく。そのときに執着から手放すことができなければ、自由になることはできないということだ。

幻想である思考にとらわれることや、エゴや欲や執着。そういったものを手放した先にあるのは「自分のまま」の世界。当たり前のものとしての僥倖に満ちた世界なのだろう。

ウルトラパワー大幸運！
美魅っと流倖せ占い師
シャイニング！
〜人々に輝きを与える占い師〜

林良江（和創美《わそうび》Ⓡ）

わそうびⓇ先生

得意とする内容：将来のビジョン・人生設計、起業・経営、開運、就活・適職・転職
恋愛・結婚・離婚、自分磨き、輝き人生
占術手法：九星気学、四柱推命、易学、占星術、姓名判断、タロット、人相・手相
筆跡鑑定、宝石占い
占術方法：対面、電話、出張、セミナー、オンライン、イベント鑑定、アプリ占い
講座
時　　間：毎週火曜・木曜日　自由が丘開運占い館エンジェルガーデン１号店
11時〜21時、第３金曜日　妖精の部屋東銀座　11時〜21時（予約制）
料　　金：3300円／20分　5500円／40分　特別鑑定／20000円
住　　所：〒152-0035 東京都目黒区自由が丘１丁目31-8
〒104-0045 東京都中央区築地２丁目15-15-410
電　　話：03-5701-3239　090-6042-0764
ホームページ：https：//wasoubi.jp/
メールアドレス：yoshie@wasoubi.jp

「人に輝きを与えるには、まず自分が輝いていなくてはなりません」わそうび先生はこう言い切る。

それだけあって、わそうび先生自身が輝いている。その輝きで、迷える人の道を照らし、その人自らが輝くことのできるようアドバイスを与える。

わそうび先生はまったく普通の主婦だったのに、30歳で起業し、社員300名年商7億円までの企業に成長させた。

40代で病を得て、この会社を売却。

50代からは占い師としての第2の人生を歩む。『自由が丘開運占い館エンジェルガーデン』で人気となり、九星気学、四柱推命、易学、占星術、姓名判断、タロット、人相・手相、筆跡鑑定、宝石占いを駆使して、一般人の方はもちろん、実業家から芸能人まで幅広く相談に乗り、多くの人に輝きを与えている。

日本占術協会 認定占術士であり、日本易推命学会 資格認定正会員である。

占い師のほか、着物スタイリスト・日本語講師、着付&礼法講師・礼儀作法マナー講師・マナーアドバイザー・ラジオパーソナリティーと、幅広く活動している。

「輝く女性つくりの会」「自分結い大江戸和髪学会」「銀座盆ダンシング」「大江戸八百八町わそうび情報局」などを組織し、忙しく日本全国を飛び回り、日本を越え海外でも活躍している。

■定食屋の看板娘

こんなわそうび先生はどのようにしてできあがったのであろうか。先生の人となりを理解していただくために、生い立ちからひもといていきたい。

先生は、母親がシングルマザーとして20歳に出産した子どもであった。母親は、生涯幸せにさせたい一心で、占い師に相談し「良江」と命名した。母親が占い好きで、これは先生の人生にも大きな影響を与える。

本名の良江という名前が良かったのか、当時は不倫相手だった父親が前妻と分かれて、母親と結婚することになった。先生は両親に恵まれた子として育つ。父親は実業家でもあり、十分な資産があった。

小学生のころ母親が定食屋を開業し、先生は看板娘として手伝うようになる。

母親は働くことが好きであった。先生は人一倍行動的であるが、それも母親譲りらしい。楽しそうに、また生きがいをもって働く母親を見るのが先生は好きだった。尊敬もしていた。

母親から「人の役に立つ人間になりなさい」「人に喜ばれることをしなさい」「人を笑顔にしなさい。そのためにはまずあなたが笑顔でいること」「人に感謝の気持ちを忘れないこと」「お客様には心から接しなさい」と教えられた。定食屋はずいぶん繁盛した。

やがて先生は学校を出て、大手企業に就職し、経理部門で働くことになる。

結婚しても、アパレルでの経験を活かし、

会計事務所で働きながら主婦として家庭を守り、母の定食屋も手伝うことも辞めなかった。

■普通の主婦から実業家へ

母親の定食屋は、変わることなく繁盛を続けた。近所の人は集まるし、近所の企業の従業員や経営者も集うようになった。

地域のコミュニティとなり、仕事を探す人と求人する企業との、ジョブマッチングがお店を舞台に行われるようになった。看板娘として手伝っていた先生が、そこで力を発揮する。需要と供給をうまく結びつけて、双方に喜ばれた。

請われるままに人材派遣も行うようになり、仲介手数料として600万くらいの売り上げというようにいつのまにかかなり大きな金額が動くようになっていった。

金額が大きくなると企業側もさすがに個人事業者には支払いの限界があると難色を示した。ついては会社組織にしてくれないかというのだ。

マナー講師としても活躍

これももっともな話である。個人事業からは安心して人材を受け入れることも困難なのだろう。

そこで会社組織にすることにしたが、それには代表取締役が必要である。マッチングしていた先生が必然的に女性起業家として企業を設立することとなった。当時、会計事務所に勤務しており経理にも詳しく、起業家育成の担当をしていたことから、この道には精通している。

「それまで普通の主婦として、のほほんと生きてきていたので、自分が経営者になるなんてびっくりしました」と先生は振り返る。

しかし、母親譲りの行動力がある。運を天に任せる楽天家のところもある。

成り行きと好奇心、目の前に引かれたレールに乗って前に進むだけ、えいやと引き受けることにしたという。

「ここから私の実業家としての人生が始まります」とわそうび先生は微笑む。

事業は順調に拡大していった。

派遣業ばかりではなく、実家の定食屋のノウハウを活かし、大手企業での委託給食、社員食堂を始める。これが好評で学校給食、施設管理、居酒屋、日本料理店、イタリアンレ

ラジオのパーソナリティを務める

ストランと事業は拡大する一方であった。さらにはイベントやケータリングまで提供するようになった。

「最盛期には40店舗ほど店舗を構えていました」（わそうび先生）。

新店舗の開店の際、場所や期日などで利用したのが占いであった。母親からその道の先生を紹介してもらい、いつどこにどのような形態の店を出せばいいかを占ってもらった。

目の回るような忙しさであった。

会社では上場を目標に、社員と力を合わせ奮闘努力を続けた。

「社長とはいえ30代のしかも女性ですから人の使い方には苦労しました」と語る。板前など職人気質のベテランには手を焼いた。注意したりすると、不満を募らせて、熟練の板前が部下も引き連れて、ごっそりと出て行かれたこともある。

しかし、そんなときも焦らずに乗り越えてきた。

「その度に私が厨房に入って、包丁を持ったりフライパンを振ったりしていました。定食屋の娘だから一通りできましたからね。経理も料理もなんでもできたのでいざというときには自分が率先して現場で働きました」と笑顔を見せる。

■ＯＬ時代は不良社員

このように書くと、ＯＬ時代はバリバリのキャリアウーマンのように思われるかもしれない。

「私は、会社勤めしていたころは、さぼってばかりの不良社員だったんですよ」と先生は笑う。

例えばいくつかの金融機関を回ってくる用事があると、わそうび先生は銀行の窓口に通帳を預け、外に出たついでに銀座でお茶したり渋谷まで行って買い物や遊んだりしていた。

そんなことをして会社に戻ると「何でこんなに遅いんだ」とよく上司からみんなの前で皮肉を言われていました。

また、上司に言われてもいないのに勝手に残業もした。銀座にある会社だったから、残業弁当としてはずいぶん豪華な弁当が出ていた。遅くまで会社に残って、その弁当にありつくのも楽しみの一つであった。

「会社に用事がなかったわけではありません。オフィスにパソコンが入って来た時代だったので、その操作を覚えようと、いろいろ挑戦していました」（わそうび先生）。上司からは「用もないのに残業ばっかりしている」とよくいやみを言われた。

しかし、一つ自慢だったのが毎日必ず30分誰よりも早く出社して、給湯室など目のつかないところをしっかりと掃除していた。各部署のお茶の準備はお手の物でした。これが経営層の目にとまり、認められていた。

「とにかくお店は綺麗にしていなさい」「おもてなしの心を大切に」と母親からよく言われていて、掃除への心構えとおもてなしの心をしつけられていたせいか、人の机まですべて習慣のようにして掃除をしていたという。

掃除に対する姿勢は経営者になっても変わ

ることがなかった。トイレの掃除をする経営者が多いと言うが、そんなものなのかもしれない。

■病気になって事業を売却

こんな目まぐるしい忙しさが過労となり、わそうび先生は病魔に襲われた。

いつのころからか下顎の小さな膨らみが気になるようになった。触ると違和感がある。

さほど大事に考えていなかったが、生命保険の更新の際に、精密検査を受けることになった。経営者だから、もしもの時のことを考えて、いくつかの保険会社と契約していたのである。

病院での精密検査の結果、告げられた病名が急性リンパ腫白血病であった。医師からは、命は保証できない。たとえ助かっても、社会復帰は難しいと宣告された。

自分のことよりも周囲にばかり気を使い、自分の体をおろそかにしていたようだ。とにかく仕事が面白かったのである。だが、家庭のこともしっかりやっていたという。家族たちにも手を抜くことはなかった。

家族の食事、家の掃除も徹底していた。

そんな、病名をつげられた先生だが、打ちのめされたかというと、そんなことはない。自分の体よりも、まずは社員の生活の安定を優先した。会社を清算することなく、事業も従業員もそのまま引き取ってくれる売却先を探した。M&Aである。

これもある大手企業が交渉に乗り、無事に

契約を結ぶことができた。従業員は、安定はもちろん、充実した福利厚生を得ることもできる。

「大きなバックボーンを得ることができ、不安だった気持ちからかえって安心できた社員さんが多かったのではないでしょうか」（わそうび先生）。

■占い師としての第二の人生

まともな社会復帰は無理と言われたわそうび先生であったが、1年もかからず普通の健康状態に戻ることができた。

「不思議でしたね」と先生も語る。このまま死んでしまうと思って遺書まで用意したという。担当の医師も「現代の医学では考えられない」と口にした。

「何か目に見えない大きな力が動いていたんだと思います」と、先生は思い出す。

ところが、世間の見る目が変わっていた。経営者の肩書きのない一介の主婦に、世間は何の興味も関心も持たなかった。まさに手のひらを返すという状況であった。

もっとも中には「5000万円投資するから、また事業に打って出ましょう」という誘いもあった。

「しかし、すでに私自身もそのような事業に興味を失っていました。実業家としての自分は卒業し、次の新たな人生が始まっていると感じていました」（わそうび先生）。

ここで取り組んだのが占いの勉強であった。いきなり占いではない。これには、ちょっとした説明が必要だ。

母親が亡くなって、母親の着物が残った。母親への思慕もあり、それら着物を身に付けたいと思って、着付けを習うようになった。

経営者のころから商工会議所などに請われて全国の講演会で講師をすることが多かった。講演会の後はちょっとしたパーティーが催される。そのパーティーに着物姿で出ると大好評であった。もともと実業界は男性社会であり、女性が少ない。このころから自分で着付けができるようなりたいと思っていた。

着物姿になると礼儀作法は欠かせない。その礼儀作法は陰陽の対になっていることが多く、この起源は「陰陽五行」にある。上手と下手、表と裏、天と地など。水引も陰陽五行の考えから発達している。身だしなみや立ち居振る舞いも所作もそうだ。

これら「陰陽五行」を学問として成立させたのが易学である。先生は易学に強い興味を持った。易学は単なる八卦見の占いとは異なる。あらゆる学問の根源となる法則集なのである。

着物との出会いから占い師としての人生が始まった

西洋においてすべての学問が哲学からスタートしているように、東洋においては易学からスタートしている。

　加えて先生はSNSなどからスカウトされて、着物雑誌のモデルや連載記事が10年程続くようになり、呉服店や宝石店の展示会の際は、占いコーナーが設けられていることを知る。着物や宝石のお得意様向けに、無料で占ってさしあげますよというコーナーだ。

　ここで「占術家　わそうび先生の占いコーナー」で依頼されるようになった。これも面白いと思っていたし、着物フレンドから勧められることもあった。

　こんな後押しもあって、占いの勉強を始めるきっかけとなったのである。

　場所は「自由が丘開運学院」。占い界の母と呼ばれる秋山《あきやま》勉唯絵《つたえ》先生が主催する学校で、占いを霊感・霊視ではなく学問あるいは統計学として学ぶことができる。

　先生は2年間で必須である易学・四柱推命・九星気学・人相手相講座を修了し、一年の実技プロ養成講座を経て、占い師として独り立ちすることになる。

　占い師としてデビューし、いろんな方々の相談や悩み事を引き受けることになった。

「私自身、けっこう波乱万丈だと思っていましたが、相談に来る方々の話を聞

認定書

「自由が丘開運学院」認定占術士を祝い会長秋山勉唯絵先生と

いて、ものすごい人がいることを知って、かなりの驚きでした」と、先生は語る。

相談事は恋愛や結婚も持ち込まれるが、先生はビジネス関係が多い。経営者から相談が持ち込まれ、その鋭い占断が気に入られ、その会社の顧問にさえなっているほどだ。

また、起業したいという人にはどのような業種が向いているか、すでにその実力を持っている人であれば、成功するためにはどの方向にオフィスを持てばいいか、いつ持てばいいかなどを丁寧にアドバイスする。

会社や経営者にもバイオリズムがある。今が攻め時だとか、今は守りの時であり力を溜め込む時期であるとアドバイスする。

子どもの命名同様会社の命名も重要だ。成功する会社は成功する名前になっている。事業に関しては自分の経験を含めアドバイスするので経験とする説得力が大いに役立つ。

■事例　芸能人関係

自由が丘は、場所柄芸能人が多い。先生にも芸能人からの相談が多く寄せられた。

占い師となってほどなく、若い2人の女性から同時期に相談が寄せられた。

まだ10代。1人がアイドルになりたいと願い、もう1人は女優になりたいという夢を持っていた。

まずはどのプロダクションにするかということ。これは方位などから決めた。

次はどのようなキャラクターで売り出すか。これは相談者の女の子と相談しながらきめていった。それから洋服の基本カラーなど。

そして、2人ともオーディションに見事合格した。順調に登りつめ、アイドルになりたかった子はガールズグループのトップに、女優になりたい子は同世代ではトップクラスの地位にいる。今でもドラマや映画で主演を務め、CMでもよく見かけるという。

2人ともリピーターとなって、仕事の件で相談を受けている。年に1回ほど現状の報告に来るという。

「占い師に依存するようになって、ちょくちょく来てはダメ。何か変化があったときに占いに来てほしい」（わそうび先生）。

男優からの相談も紹介しておきたい。

この男優は中学生のころにデビューし、け

っこうもてはやされたが、それから10年を経て、そのころは鳴かず飛ばずの状態であった。「このまま忘れ去られてしまうのだろうか。再起できるでしょうか」という相談であった。

手相や命式を鑑定すると、今後の活躍できる運気が輝いて見えた。

「大丈夫です。必ず復帰してまたスポットライトを浴びます。自信を持ってください」と元気づけた。

その言葉のとおり、20代後半あたりから男優は存在感のある演技派として再び映画やドラマにCMにも引っ張りだこになった。

■事例　外資系OL人気占い師になる

ビジネス分野でも事例を紹介しておこう。

外資系金融機関に勤めている30代女性からの相談。一流大学を出て、入社してからも出世階段を上がっていたが、ここ数年は仕事が思い通りにならなくなった。成績も低迷している。「このままでいいのでしょうか。会社を辞めたほうがいいでしょうか。結婚でもしようかしら」と悩んでいた。そもそも、自分が何に向いているのかがわからなくなってしまった。

愚痴をこぼしたくて占い師に相談に来たのかもしれない。ここでもわそうび先生は誠意ある解決策を提示する。

「あら、あなたは占い師に向いているわ」と、先生は一言。これには相談者もびっくりした。

「占いの勉強をして、電話占い師から始めるのもいいわ。最初は副業で。すぐに独立できるようになれるから大丈夫。きっとうまくいくわよ」先生は背中を押した。

それから数年でそのＯＬが報告に来た。

「占い師として独立しました」と言うのである。検索すると人気占い師として活躍しているのでわそうび先生のアドバイスどおりであった。

占いに頼る経営者が多いことは、よく知られていることだ。どのように理論が発達しようとも、最後のひと詰めは「運」である。これを決断するのが社長の役割であり、ここで占い師に相談するのである。

「松下幸之助も占い師に相談していました」とわそうび先生は教えてくれる。パナソニックの創業者で伝説となっている経営の神様である。

会社が低迷し「もうダメだ」と思ったある晩、繁華街で占い師に呼び止められ、松下幸之助は手相を見せた。すると「あなたは、必ず成功する」と断言された。「もうひと踏ん張り、頑張りなさい！」と勇気づけた。

■日本を飛び出し、世界で活躍

エネルギッシュな人である。

「私、組織を作るのが好きなの」と言うぐらいで、ユニークな団体を創って、その代表者になっている。

「和の創造は限りなく美しい」をコンセプトに日本文化、着物、おしゃれが好きな人のネットワークが「和創美」である。和装コーディネートサービス（着付け＆礼法）、講師及びセミナー（経営全般、飲食業、コーチング、社員教育、電話対応、自己啓発、交流分析、魅力心理学、着付け、礼法、礼儀作法、マナー）、イベント企画マネジメントを提供している。和創美の言葉どおり、日本伝統和文化である着物、和髪、茶道、祭事、盆踊り、年中行事を通して各種イベントを国内外で展開している。

和髪に興味のある方なら誰でも参加できる中央区社会福祉協議会ボランティア団体認定「自分結い大江戸和髪

大盛況のイベント

学会」。自分で新日本髪を結えるようになることを目指し「和髪研究会」などのイベントを開催している。

着物と和髪をプロモーションするため、次のようなイベントに参加してきました。

・銀座歩行者天国インバウンドボランティア
・神田祭神幸祭パレード参加・日

自分結い大江戸和髪学会

越文化交流会
・東海道街角アートウイーク川崎宿パレード
・行田市 忍城時代祭パレード
・浅草観光ガイドボランティア
・目黒雅叙園きものファッションショー
・日本橋松阪木綿パレード
・読売カルチャー／セブンカルチャーで和髪講座
・浅草ねぷたパレード
・Lala pado（ラーラぱど）イベント大人ひな祭り
・パレスチナ着物ショー
・日本橋公会堂「JPA和の祭典」盆踊り
・ソウル日韓交流会着付け＆和髪パフォーマンス
・横浜開港祭ランウエイ
・日本震災支援活動中学卒業生の和髪＆着付活動

これからも日本国内に納まらない先生と着物を愛する仲間たちの活躍を知ることができるだろう。

シャイニング「輝く女性つくりの会」は、文字どおり輝く女性の集団で、女性講演家の集まりでもある。男女平等の推進、男女平等参画社会の実現、女性問題の解決や女性の地位向上、女性の社会参加の促進に関するセミナーや講座などを展開してきた。

中央区社教認定「銀座盆ダンシング」は盆踊りや舞踊が中心である活動。

大手企業との提携で「電話占い＆LINE占い」アプリ占いでは「強運＆縁結び姓名占」「何占わせても叶う＆当たるプロも神認定◇

成就必中の凄技／林良江」も提供している。

■相談者を包み込む母になる

先生これからの願望は何でしょうかと尋ねると

「『晴海の母』になることです」と答える。たまたま晴海にご縁があるだけで、地名に意味はない。「母のような温かい存在になって、皆様を包み込み、導くことをしたい」ということだ。

「上手に年を取って、いろんなことを経験し、懐の深い人間になりたい。占い師は年を取った方が信頼されると思うの」とも語る。占い師は、生年月日から運やバイオリズムを導き出すだけではない。それならばパソコンにでもできてしまう。自分の人生経験と合わせて、いかに包み込み、的確なアドバイスができるかどうかであるという。「相談者の人生を責任をもって鑑定することに気持ちを傾けたい。それができる母親のような存在になりたい」と語るのである。

先生は常に輝いている。その輝きに憧れて、多くの人が鑑定を依頼する。そして、実際多くの人々が輝きを手に入れているのである。

自分の人生の輝きを失いかけていると感じたら、新たな輝きが欲しくなったら、皆さんもぜひ、わそうび先生に相談してみよう。

人生の荒波をチャンスに変えて生きてきた先生の占術とアドバイスは、暗闇から救いだして、確実に一歩を出させてくれるだろう。

過去世を分析して運・不運を「見える化」
魂の情報を書き換え、一気に開運!

魂《たましい》クリニック外《がい》気《き》功《こう》療《りょう》法《ほう》院《いん》

千《ち》葉《ば》一人《かずひと》先生

得意とする相談内容：開運、心願成就、神人合一、封印解除·トラウマ解放、疲れ·不安·絶望感、劣等感・罪悪感、不眠、浄霊（昇天）、霊障

解決手法：陰徳開運療法、因果開運療法、魂軌道修正療法、神人合一療法〈守護霊授付、霊障、封印解除、現世トラウマ、過去世トラウマ、今世契約解除、黄泉魔界、先祖遺伝子、怨念解除〉、身体レベルアップ療法＋魂の磨き＋願望実現

解決方法：対面、遠隔、セミナー

時　　間：10：00～18：00（臨時休業あり）　定休日曜

料　　金：陰徳開運療法 10000 円、因果開運療法 10000 円（3 項目の書き換え）、魂活療法 30 日間 70000 円 CD 付き（20000 円相当）、気功療法 5000 円／ 30 分、10000 円／ 60 分、ペット療法 5000 円～法事供養療法 10000 円、浄化療法 10000 円

住　　所：〒213－0001　神奈川県川崎市高津区溝口 2 － 26 － 6　プロプリエテール三田　301 号

電　　話：044-813-4941

F　A　X：044-811-1041

Facebook：https://www.facebook.com/gaikikou

メールアドレス：chiba@gaikikou.co.jp

サイト URL：http://www.gai-kikou.co.jp/

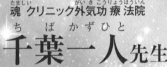

願い事の成就や開運の術は、古来いくつもの方法が編み出されてきた。

最近のヒットには「引き寄せの法則」がある。ポジティブな思考が願望成就になるということで、2000年代に書籍「ザ・シークレット」で爆発的に流行し、映画にまでなった。

その前には自己暗示と潜在意識を活用する「マーフィーの法則」が一世を風靡した。

ナポレオン・ヒルの「思考は現実化する」にいたっては、ビジネス界のバイブルにさえなっている。

日本にも「言霊信仰」がある。「何でも言葉にしたようになる」という教えだ。

人はあの手この手で開運を「法則化」してきたが、その最も理解しやすく強力な手段が千葉一人先生の手から登場した。

過去世から今世の運を数値化する「陰徳開運療法」。そして、魂に刻まれた情報を書き換えて開運する「因果開運療法」だ。

■「運」の不思議と魅力

「運」ほど人を惹きつけてやまないものはない。

人に「運・不運」があることは誰もが知っている。運の良い人もいれば悪い人もいるのが現実だ。

しかし、その運に恵まれている、あるいは運をつかむことができるのは、ほんの一握りの人間であろう。

また、この「運・不運」に法則性があるこ

とも、多くの人が気づいている。運の法則や流れを「見える化」し活用できるのであれば、これほどありがたいことはない。

紀元前から、いくつもの方法が試されてきたが、残念ながら決定的なものがない。

例えば運の波を、星の流れに関連付ける占いは多い。生まれの星座が◯◯だから今年は運が良い、××だから運が悪いと説明する。その星座が今どの位置にあるから、どのように運に影響するのかも説明する。

それならば、その星の元に生まれた人は、皆同じ運の持ち主になるはずだが、そんなことはない。

そもそも星座占いには各種あり、さらにはいろんな先生がいて、それらが一致しているかといえばそうではない。

同じように生年月日に運・不運を求める占いもある。これも同じ年月日に生まれたら同じ運となるはずだが、決してそんなことはない。

パワーストーンやパワースポットも話題になるが、確実性は低い。風水も「運・不運」のすべてを網羅しているわけではない。

おみくじにも信憑性には疑問が残る。

■波動療法の第一人者　千葉一人先生

千葉先生をご存知ない方もいるかもしれないので、簡単な紹介から始めたい。

千葉先生は神奈川県川崎の「魂クリニック外気功療法院」の院主であり、「体・心・魂」

の波動を整える施術を主に提供している。

千葉先生は2代目で、父である初代がいる。初代の故千葉久之先生は、総務大臣所管日本予防医学行政審議会から推薦されて、日本初代替医療承認院（２００６年1月）に認定されたほどでの有名な気功師であった。

その初代でさえも、さじを投げてしまうクライアントがあった。「本人に治る気がなけりゃ、施術のしようがない」と初代は言っていた。

2代目千葉先生は、初代のつぶやきが原点になっている。クライアントによって「気功」の効果に大きな差があって、それはなぜなのだろうかと気になり、その解明に乗り出したのである。

そもそも「気」は、限られた人にしか感じられない。誰にでも見える形で提示し、人間の生命の神秘性を解き明かすことができるのではないか、と先生は考えるようになった。「見える化」ということに強いこだわりを持つ性質があるようだ。


そんな時に出会ったのが「波動」の存在と「波動療法」であった。

波動療法はドイツで発達した医学であり、身体の波動を調整することで、本来持っている生命力を引き出し、病気などを治療する。

波動療法の理論を研究し、国内に紹介したのだが、当時は千葉先生は異端児扱いされた。皆、半信半疑なのである。先生の考えはあまりに進歩的で衝撃的であった。

異端児扱いされた理由がもう一つある。波動療法のベースとなっている「量子力学」の存在だ。

当時量子力学を知る人はほとんどいなかった。今でこそ、スピリチュアルの世界では量子力学が大きな潮流となっており、多くの先生が口にするが、これを最初に唱えたのが千葉先生だ。

前出の「引き寄せの法則」まで量子力学で説明ができるほどだ。

かつての異端児が、今では主流となっているのである。

■陰徳開運療法

「運」の話に戻る。

人の持つ運を分析・解析するにあたり、千葉先生は膨大な量のサンプルを用意し、そこに過去世との大きな相関関係を発見した。

「運に影響するものに『陰徳』と『陽徳』があり、その人が持っている今世の運のベースは前世の陰徳によります」と千葉先生は断定する。

過去世という言葉を、耳にしたことのある人が多いと思う。仏教やインド哲学などに見られる輪廻転生と結び付いている言葉で、今世以前の魂の連続が過去世である。

人生は死んでそこでおしまいではなく、内在する魂は次の世代へと引き継がれていく。人だけでなく動物なども含めた生物として生まれ変わることもある。命あるものが何度も転生し、誕生の源泉である神に、次第に近づいていくのである。

この輪廻転生の中で、変わらないのが魂の存在だ。生物が死んでも魂の記録は常に保持されており、今世の肉体に反映される。

クラウドに接続され、映像や画像を映し出すパソコンが一般的になってきたが、これにたとえることができる。

パソコンに映し出される映像や動画はそのパソコンにあるのではなく、クラウドという雲のむこうにある。

この雲のむこうにつながっているから、パソコンはさまざまな情報を出したり、いくつものサービスを受けることができる。

ところがパソコンは物理的な機械であるから経年劣化してしまう。そこで、古くなったパソコンを廃棄して新しいパソコンに買い替える。これが人間でいえば寿命（肉体の死）となり、新規購入して次の人間として生まれ変わることになる。

パソコンはクラウドにつながって、機能を継続するが、人間の場合は前世の記憶（データ）はまったく失われる。しかし、確実につながっており、このつながりなしには人間（生物）は生命として存立し得ないのである。

クラウドにある魂とつながることで、記憶は消えても、魂に刻まれたカルマは残っている。

カルマとは日本語では「業」とも「行い」とも訳される。繰り返される輪廻転生の中で、良い行為にせよ、悪い行為にせよ、それらが積み重なって、確実に今世に影響を与える。

■「陰徳」と「陽徳」

千葉先生の言った「陰徳」と「陽徳」は、なじみのない言葉かもしれない。

今世と来世のために徳を積むのが陰徳であり、今世のためだけに徳を積むのが陽徳だ。

陰徳は自分のためではなく、世のため人のために祈ることと考えてよい。例えば「世界平和を祈る」などが陰徳になる。誰かの目にとまるような行為、たとえば電車で席を譲るということとは違い、陰でひそかに行うことである。他人の幸せや健康を祈ることも陰徳になる。祈りという行為は陰徳なので、先祖供養はもっとも陰徳を積むことにつながるのである。

陰徳で積んだ徳は、来世に持ち越され、これが「運のベース」となる。

これに対し、陽徳は目に見える行為で、奉仕活動など、あくまでも今世が対象であり、来世には持ち越されない。魂に多くの影響を与えないのである。

「『運』として与えられるのは陰徳を積んだかどうかということ。陰徳は来世に持ち越すことができる種であり、陽徳はその代限りの果実です。だから、『運』は生まれつき決まっていて、その理由がここにあります」と千葉先生は説明する。

「運の良い人」「運の悪い人」というのは、陰徳を積んでいるかどうかということに起因していることがおわかりかと思う。

■陰徳率の具体例

陰徳の積み重ねは「陰徳率」という数値で表現できる。ここで千葉先生は具体的な陰徳率の例を示す。

「陰徳率が0％であると、人として生まれ変わることができません。人間界から堕落して畜生界、餓鬼界、地獄界の生きものになります」と、怖いことを言う。

1％から5％の場合は、不治の病などを背負って生まれる。

6％から19％は、いわゆる運が悪い人である。一生懸命に努力しても報われないのは、この6％から19％の間の人たちである。

20％台の人は努力すれば報われる。それなりの人生を送ることができる。

30％以上になると運が良い人の部類になる。努力が倍以上になって返ってくるのがこの層である。

40％以上になると、もはやスーパースターである。生まれながらの幸運児だ。周りから見ると生まれた時からすべてが用意されており、本人は努力さえしていないように見える。

この数値化を示すツールが「レヨメータ」である。千葉先生が提唱してきた「波動」の強さを計測する機械である。これも先生が業界に先駆けて購入し、日本で広めた。今ではこれを使っているスピリチュアルな先生が何人か出てきた。

写真を手にして「レヨメータ」で計測することで、運の強さが波動として正確に計測できるのである。

ここで興味深かったのは、先生が有名人の写真をもとに出した陰徳率の数値だ。

例えば元ＳＭＡＰの５人は、全員が30％以上である。だからあれだけ人気になった。

特に高いのがキムタク(木村拓哉氏)の39％。

これに中居君の37％が続く。

そして香取君、草なぎ君、稲垣君と続く。稲垣君とてＳＭＡＰの中では5番目だが、通常の人と比べればずいぶんと高い。

しかし5人とも今世で陰徳を積んでいない。だから、これからはちょっと不安かもしれないと先生は漏らした。それぞれに、陽徳は確実に積んでいる。しかし、今世の陰徳がないから、これが後半生に影響を与えるかもしれない。

「いくら陰徳を積んで生まれた幸運児でも、その代でも陰徳を積まないと、人生の後半に崩れて来ます。大きなしっぺ返しを食らいます。陰徳を積むように心掛けましょう」と先生はアドバイスする。

誰からもうらやましい、さらには嫉妬を覚えるほどの才能に恵まれている人間はいるものだ。中には英雄と呼ばれる傑出した人物もいる。そういう人たちは過去世からの陰徳の積み重ねがものをいっているのであろう。

だが、そのような人たちの後半生が必ずしも輝かしいとは限らない。昔であれば戦火で命を失った英雄は数知れない。現在でも事故や自殺で亡くなった有名人は何人もいる。

持って生まれたものばかりではなく、今世での陰徳も欠かせないようだ。

■陰徳開運療法で開運するには

「陰徳開運療法」はシンプルである。

顔写真を送ると、先生が陰徳率を出し、いわゆる「運の見える化」をしてくれる。

もっとも、陰徳率がわかっただけでは救われない。生まれついて決まっているのであれば、わかったところでどうしようもない。

そこで千葉先生の開発したのが「陰徳開運療法」なのである。これは、19%以下の運の悪い人たちを対象としている療法だ。

使用するのは、「十三仏曼荼羅カード」だ。千葉先生オリジナルのカードで、自分の波動を上げていくことができる。

使い方は簡単である。この十三仏曼荼羅カードに自分の写真を重ねて、毎日祈ることで、その人の波動が上がっていく。すなわち、強運になっていく。

十三仏曼荼羅カードは「十三仏曼荼羅開運ピュア・ブレッシングカード」として販売されている。

ここで、十三仏について解説しておきたい。

十三仏とは、霊界を司っている

十三仏曼荼羅開運ピュア・ブレッシングカード

仏で、密教で原型が作られた。

　輪廻転生として人（生物）は何度も生まれ変わると説明したが、人が死んでもクラウドに魂は残り、亡くなってから浄化を受け、また生まれ変わる。その浄化のステップが十三層あり、それぞれ十三体の仏に対応している。

　十三仏は強い波動を持っており、ステップを追って波動を上げていくのに適している。

　すでに多くの利用者がおり、「8日目には大きな変化が出た」と語る体験者が多い。ちなみに、第1段階の不動明王から第7段階の薬師如来までがこの世、第8段階の観世音菩薩からあの世になる。第7段階の薬師如来までを終えることで、はっきりと違いがわかるというのである。

まんがでわかる運命を動かす13のカード（三楽舎プロダクション発刊）

■因果開運療法とは

　運の善し悪しを数値化し、過去世のステージを上げることによって開運させていくのが「陰徳開運療法」だ。

　これに対し「因果開運療法」とは過去世の魂の記録そのものを書き換えてしまう療法である。

　運やカルマ（宿命）は過去世によって定まっており、自分がアクセスしやすいあるいはアクセスしがちな経験が、今世に影響を与えている。

運が良いとは、魂が持っている良い情報にアクセスしやすいことである。同じように運が悪いとは魂が持っている悪い情報にアクセスしてしまうことである。

例えば過去世で貧乏であった人は、どうしても貧乏にアクセスしてしまう。アクセスしやすいのである。過去世で病弱だった人は、その情報にアクセスしやすくなっており、病弱な人生を送る。

ならば、その貧乏であったり病弱であったりした過去を削除したり書き換えたりするのが因果開運療法だ。今世に現れているのは因果の「果」である。結果なのである。

本来なら「因」があって、「縁」があって、「果」がある。因があっても縁がなければ、果は出てこないが、それ以前に因そのものを書き換えれば、縁があろうとなかろうと、結果は変わってくる。

この持っている悪い「因」を替えるのが、因果開運療法となる。

ずいぶん乱暴な話に感じられるかも知れない。

そもそも、過去に起こったできことを、書き換えることができるのだろうか？　と誰もが疑問に思うだろう。やってしまったことは、もうしょうがないだろうと、普通であれば考えてしまう。

「『起きたことは変えられない』という常識にとらわれず、やってみたら書き換えることに成功したのです」と、千葉先生は語る。

「実証もあります」と先生は付け加える。

■因果開運療法の開発のきっかけ

この因果開運療法の開発には、きっかけがあった。ある女子高校生の出現である。

春に母親と一緒に先生の療法院を訪れてきたのだが、おびただしい数、それぞれに強力な霊に取り憑かれていた。あまりに霊障がひどくて、勉強することができない。

今まで散々悩まされ、助けて欲しいと見つけたのが大阪のある先生のサイトであった。この先生も有名な人だ。大阪大学医学部を出た医師でありながら、スピリチュアルの造詣が深く、霊障に関する書籍も出している。ほとんどスピリチュアリストであり、あるいはそれ以上のパワーを持っている。

その先生に相談したところ、神奈川県に住んでいるのであれば、「魂クリニック外気功療法院」の千葉先生がいいと紹介してくれたという。

千葉先生とその先生は親しく、「魂」を追求している先生自体が日本ではごく少数なのである。

見ると、その女子高生に取り憑いている霊は、自身が過去世において「御霊分け（みたまわけ）」した霊達であった。「御霊分け」とは自分の魂を分けて、新たな魂を生じさせることである。普通の人にはできず、ほとんど神に近い力を持つことになる。

この女子高生は、実際過去世において、巨大な帝国を作り、その帝王となっていた。それを知っている、かつての過去世の部下が女子校生の周りに集まり「また国を作ろう」とか「あれをしよう」「これをしよう」と次から次へと寄ってくるのである。

　確かにこれほどの霊が周囲により集まって来たら大変であろう。自動書記もさせられており、その紙も見せてもらった。

「その御霊分けした霊をうまく制御し、自分なりに活用することができれば、この人は教祖様となることができます」と先生は語る。

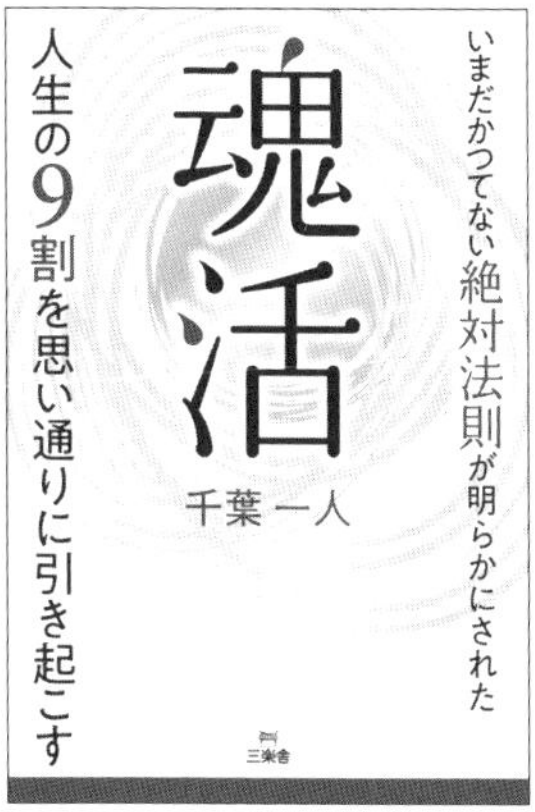

著書『魂活』人生の9割を思い通りに引き起こす いまだかつてない絶対法則が明らかにされた（三楽舎プロダクション発刊）

うらやましいほどの力の持ち主なのである。

■過去の「因」を消し去る

　霊障を取り除くのはさほど難しいことではない。たとえそれが10体や20体であっても、教えられれば自分で取り除くこともできる。

　しかし、この女子高生に取り憑いている霊の数は膨大な数となり、手作業で取り除くことはできそうにない。次から次へと溢れ出てくる、途方もない数である。

　そこで千葉先生の考えたのが「御霊分けをした過去をなくしてしまえば良いのではないか」ということだ。

　過去の記録をなくしてしまっても、御霊分けされた霊がなくなることはないが、その霊達が近寄ってきても彼女に影響できなくなる。なにしろ彼女の御霊分けの記録がなくなるから、霊達にとってはそれ以上どうしようもできない。彼女はバリアを張られた状態になり、霊達はすごすごと引き下がっていくしかない。

さっそく先生は彼女の過去世にアクセスし、御霊分けしたデータを突き止め、その部分を切り取り削除した。パソコンで言えばDeleteである。

ここで千葉先生は驚いた。彼女の御霊分けした御霊には有名人がずいぶん多い。

「洋の東西を問わず、あの人もこの人もっていう有名人が、彼女からの御霊分けでした。それだけ、ものすごいパワーの持ち主でした」

と振り返る。

■因果開運療法の実証

因果開運療法を開発し、その女子高生はみるみる霊障から解放されていった。

もっとも、その女子高校生も簡単に過去を消し去ることに同意したわけではなかった。自分の恵まれた能力が失われる危険性があるからだ。

自分でその能力をコントロールさえできれば、教祖様にでもアーティストにもなれる。それこそかつてのように帝王にさえなることだってできるのだ。仲間ならいくらでも集まってくる。

ずいぶん迷ったようだが、結局は諦めざる

を得なかった。

苦渋の判断だったろう。彼女にはその能力があまりにも重かった。霊能力者にも霊能力者ならではの苦しみがあるようだ。


この療法を開発した千葉先生も、実証実験として自分で自分の過去世を書き換えてみることにした。

先生の場合、極度の高所恐怖症であった。子どものころはここまでではなかったが、大人になるにしたがって高いところが怖くなってきた。

そこで自分の過去世を調べてみると、高いところから落ちて死亡した事例が見つかった。自殺したらしい。大人になってからというもの、この事件にアクセスするようになったらしい。

そこで先生は、その過去世の事件を切り取り捨ててしまった。それからは高いところは怖くなくなったような気がするが、これだけでは実証実験とはならない。先生は自らバンジージャンプまでしてみたという。

「できましたよ。できたのですよ！　これで自信を持ちました。確かに過去世の事件を切り取ることで、その事象にアクセスできなくなり、影響されなくなります」と千葉先生は笑顔を見せる。


この実証実験にはお弟子さんの湯脇さんも参加している。

湯脇さんは現在、易者として生計を立てているが、元は重い精神病に悩まされ「薬が体中に回り、頭の中でポタリポタリと薬の滴る音がしていた」というほど大量の薬を服用していた。千葉先生の波動療法で救われ、今では押しかけのお弟子さんのようになっている男性だ。

湯脇さんの場合「夏の直射日光が怖くてしょうがありませんでした」と語る。どうやら夏場に熱中症などで死んだ過去世があるようだ。

その過去世の空気感と結びついているからか、真夏の直射日光にひどい恐怖感があるらしい。

湯脇さんの過去世に入り込んで、その記憶を消し去ったところ、夏の直射日光が平気になった。これも大成功であった。

■因果開運療法の応用

因果開運療法はさまざまな分野に活用することができる。

例えば病弱な人の過去世の病気の部分を切り取ることで、体質が変わってくる。その人は病弱な過去世ではなく元気だったころの過去世にアクセスするようになるからだ。

同じように貧乏な過去世にアクセスして今世で貧乏になっている人は、その貧乏の過去世を切り取って削除してしまう。そうするとその人はもう、貧乏にアクセスできなくなり、記録に残っている裕福だったころの過去世にアクセスし、それに近づいてくる。

それにしても……と、疑問に思う人はいる

だろう。他人の過去世の記憶に入っていけるものか、たとえ入っていっても実際に残っているのか、勝手に消せるものだろうか。

「記録はあります。古くは仏教でいう阿頼耶識（アーラヤ識＝あらやしき）、西洋のアカシックレコード、今日では量子力学でいうゼロポイントフィールド。ゼロポイントフィールドにいたってはその存在さえ証明されています」と千葉先生は説明する。

阿頼耶識とは、8つの識の最深層に位置するところで、一切諸法を生ずる種子を内蔵している。アカシックレコードとは、元始からのすべての事象、想念、感情が記録されているというデータセンター。宇宙図書館とも呼ばれる。ゼロポイントフィールドとは、時間も空間も無い、無から有を生み出すエネルギーの場のことであり、過去、現在、未来のすべてが内蔵されている。ビッグバンもゼロポイントフィールドから生じたとされている。

この広大な記録の場にアクセスして、千葉先生はそのデータを書き換えることができるようだ。もちろん本人が自分のことのみの依頼で行うものである。セキュリティ用語で言うところの「特権ＩＤ」だ。存在するすべての人の記録にアクセスし、読み、書き、変更のフルコントロールが可能となっている。ここまで説明されても、正直よくわからないが、真っ赤な不動明王のような勢いで説明されると、本当にそうなのだと納得してしまう。

■因果開運療法の事例

因果開運療法のきっかけは女子高生であったが、自身も試験をしたし、お弟子さんでも試してみて、一つの療法として成立できると確信、他の相談者にも提供しているので、それらを紹介したい。

●金運上昇　40代男性

千葉先生とKさんとの付き合いは古い。Kさんは香川県で整体師として診療所を開院しているが、セミナーなどの際に、先生の所に訪れ、懇意になっていた。

「最初の相談は変な話だった」と千葉先生は振り返る。

K氏が言うのは「何にでも腹が立ってしょうがない」と訴えるのである。今から3～4年前の話だ。何があってもイライラしてしまう。それで怒鳴り散らし、周囲にひどく煙たがられていた。これはどこかおかしいかもしれないと思って、千葉先生に相談しに来た。

この時は「魂活療法」で容易に解決できた。

今回は無茶ぶりといってもいいようなものだった。

「金持ちになりたい、金運をアップしたい」というものであった。さほどお金に困っている風ではないが、今以上に裕福になりたいと訴えるのである。都合のいい話だが、多くの人に共通する願いでもある。

そこで、千葉先生は過去世を透視して、K氏に悪影響を与える貧乏時代の記憶を消し去り、裕福であった時代にアクセスしやすくした。

これは速攻となって効果が現れた。

「先生、持っていた株がいきなり値上がりしました」という報告が来たのである。このほか、患者のお金払いがよくなったともいう。

それ以来、千葉先生は神社仏閣扱いされている。

●恋愛成就　30代男性

神社仏閣関連でもう一つ。今度は恋愛成就である。

これも万人に共通する願い事であろう。

30代の男性だが、生まれてからずっと恋人ができたことがない。まともな恋愛はもちろん、浮いた話すらない。

見ると、確かに風采の上がらないタイプの男性だった。生まれついての不運を背負っているような男性だ。

この男性を恋愛セミナーに通わせても限界があるかもしれない。持って生まれたものも、環境も貧弱すぎた。

そこで千葉先生は過去世の恋人がいた時代にアクセスしやすいようにした。自分が違えば周りも違ってくる。そうすれば恋人もできてくる。

この人場合、微笑みながら相手を見て話しかけられるようになった。恋人を得たのはもちろん、転職まで成功させている。

人が魂に抱えているものは大きく、そのデータを書き換えるだけで、人生がまったく変わってしまうのである。

●病気平癒　70代男性

四国から緊急SOSがきて、脳梗塞の患者を助けたことがある。

電話してきたのは娘さんで、70代の父親が突然倒れたようだ。メールで写真を取り寄せ、施術。過去世を見ると、いくつかの病気を体験している。中にはずいぶんと重いものもある。それをことごとく切り捨てた。

これも即効力があり、これでその父親はまったく健全になり、すぐに退院することができた。

7月の暑い時期のことであった。

「陰徳開運療法」は過去世から今世の運を数値化している。人の運が目に見えるのだ。

「因果開運療法」は魂に刻まれた運不運を書き換えてしまう。生まれついての不運を諦めることはないのである。

千葉一人先生の新サービスは、いつでもショッキングだ。私達は開運術の歴史的な誕生に立ち会っているのではないか。

人生は100%自分が決める
リミッターを外して思い通りの人生を歩むために

plumeria《プルメリア》

長谷川祐子《はせがわゆうこ》先生

得意とする相談内容：女性のフェミニンケアのアドバイス、家族関係、人間関係、自己実現、トラウマ解消 etc
解決手法：レイキヒーリング、デトックス療法、透視チャネリングセッション
女神フレイヤエナジー伝授（アチューンメント）、思考セラピー
解決方法：対面、ZOOM、電話
時　　間：10：00 よりご希望に応じて対応
料　　金：透視チャネリングセッション　15000 円／ 90 分、女神フレイヤエナジー伝授（アチューンメント）　15000 円／ 60 分、思考セラピー　15000 円／ 90 分、レイキヒーリング　5000 円／ 30 分、デトックス療法　7000 円／ 60 分、フェミニンケアを使って自分を愛せるようになるセッション　15000 円／ 90 分
住　　所：〒 541-0054 大阪府大阪市中央区南本町 3-3-25
※ご予約時に部屋番号などの詳細をお知らせします。
電　　話：090-5018-1252
メールアドレス：info@plumeria2023.com
サイトURL：https://www.plumeria2023.com

「毎日、毎日、本当に悩み苦しみ、辛い日々でした」柔らかな笑顔、穏やかな口調で語られる長谷川祐子先生の言葉は重い。この重さが、助けを求める人々、癒されたい人々を救う手立てとなっている。自分自身の辛く苦しい経験があるから、同じように悩み迷い苦しむ人々を救いたい、救うことができる。それが先生の揺るぎない信念となっているからだ。

■小さなトラブルから深い穴へ落ちて

向き合うだけで心が軽くなるような柔和な雰囲気。優しく包み込むような語り口と寄り添う言葉の数々。ヒーラーそのものといった存在感の長谷川先生が、うつ病になりそうなほどどん底の日々を送っていたということに衝撃を覚えずにいられない。

「人によっては些細なことかもしれません」そう言うつらかった時代のきっかけは、知人に頼まれて会社の事務の手伝いを始めたことだった。誰にも、どんなコミュニティにも気が合わない人、仲良くなれないタイプの人はいる。先生の勤めた会社にも、先生にとってソリの合わない人がいた。

あるとき、その人の振る舞いに驚くことがあり、他の人に「ああいうことは目に余ると思う」とつい批判をしてしまい、それが曲った形で相手に伝わってしまった。相手は激怒し、先生は会社を辞めることになったという。

長らく主婦として家庭を守り、久しぶりの勤め先で起きた出来事。「辞めたのだからもういいじゃないか」と思う人もいるかもしれない。だが先生は、自分がうまくやっていけなかったこと、仕事から逃げてしまったこと、相手から言われたひどい言葉の数々などを反すうし、深く思い悩んでしまった。

「バカな自分にも腹が立ったし、相手の仕打ちにも許せないという気持ち、忘れよう、忘れたい。そう思えば思うほど忘れることができず、寝ても覚めてもそのことばかり考えてしまう。出口が見えず、心だけではなく体にも不調が現れ、もう一生このままなのかと思い悩みました」。

今になればわかるという。忘れたいと思うほど、その出来事は心の中でどんどん大きくなっていく。もともととても真面目で、思い悩みやすい性格だったという長谷川先生。迷ったりクヨクヨしたりすることにエネルギーをとられがちだったので、そういうことにならないよう気をつけて生きてきた。

人の批判をしたり、人をモヤモヤさせたりするような言動に注意し、優等生で過ごしていた。きっとそういう配慮自体にもエネルギーをとられ、無意識のうちに大変な思いをしていたのだろう。

このままではどうにかなってしまう。そんなとき友人に教えてもらった「クスリ絵」で少しだけ心身が休まることを感じたという。そこから心の世界への関心が高まり、まさに藁にもすがる思いでスピリチュアルな世界へと足を踏み入れていく。

■スピリチュアルに命を救われた

それまでは何かに執着したり「どうしてもやってみたい」と何かに向かって進んだりしたことがなかった。そんな先生が、丸山修寛先生の大阪セミナーのキャンセル待ちをしたり、いても立ってもいられず、大阪から仙台のクリニックに来院したり。どん底から抜け出したいという気持ちに、どれだけ駆り立てられていたかがわかる。

丸山先生のクリニックには、父親と折り合いが悪く居心地が悪そうにしていた長男を診てもらうつもりだった。しかし丸山先生は同伴した母親である長谷川先生に対して言った。「近くの病院に紹介状を書くので、すぐに検査を受けなさい」

「私じゃないのに」と思いながらも、書いてもらった紹介状を無下にするわけにもいかず訪れた病院で、子宮頸がんの一歩手前という診断を受ける。すぐに手術をして大事には至らなかったが、それがスピリチュアルな世界や、これまでの自分の在り方などを深く考える機会となったという。

「ヒーリングやスピリチュアルなことについて、もっと知りたい、学びたい。石橋を叩いて叩いて渡らないタイプの私が、メンタルブロック解除の講座に飛び込んだのです」。

最初は面白かった。仲間もたくさんできた。自分の中に多くのメンタルブロックがあることを自覚しだしていただけに興味深かった。ブロックはなぜできるのか。どうやったら解除できるのか。

しかし、学んでいくにつれて、少しずつ違和感が生まれてもきた。「私が本当に知りたいことは、こういうことではない。もっと本質的に人の心を知りたい。人の心を読んで寄り添いたい」。こうしてリーディングの勉強が始まった。

■寄り添う気持ち、共に歩む姿勢

リーディングやレイキなど、さまざまなことを学んで身につけたい。自分自身が救われたい思いで深めていった学びは、やがて自分と同じように悩み迷い苦しむ人々に寄り添いたいという思いへと変わっていった。メンターといえる師に出会えたことも大きかった。

「何か」ではなく「どうするか」という視点で、ひとつの施術や方法にこだわらず、自分や相手の心身を癒す手法を身につけていった。

その過程は簡単なものではなかった。自分の心を剥き出しにして、自分の中に閉じ込められているネガテイブな感情にも向き合わなければならない。しかし、それは、救われるため、自分が変わっていくために、必ず必要なことだった。

その中から気づいたこと。それが長谷川先生を、先生を取り巻く世界を劇的に変えたという。

「すべては自分次第。考えてみれば当たり前のことなのですが、そうではない意識で生きている人が多いのではないでしょうか。私もそうでした。相手が悪い。あの人はなんであんなことをするのだろう。もっとこうして

優しいまなざしで相談者を包み込む先生

くれたら苦労しないのに。人に対してそういうことを考えている自分がいました」。

「相手に変わってほしい」確かにそう考えている人は多いように思える。だが、長谷川先生は自分自身で気づいた。

「今の状況を招いているのは、すべて自分」

「自分が変われば周りが変わってくる」

そのことは、気づきを得た後の先生の生活が何よりの証拠といえるだろう。

■理由なき不安や恐怖に捕らわれる理由

実は先生は、仕事でのトラブルの他にも悩みを抱えていた。

「ずっと主人が怖かったんです。私に当たってくると思い込み、いつでも主人の顔色をうかがっていました。怒られるんじゃないかと、いつも、怖くてビクビクして暮らしていたのです」。

今思えば「なんであんなに怖がっていたのかわからない」と笑う。しかし、当時は本気で夫を恐れていた。コロナ禍で在宅勤務になったとき、毎日はストレスだらけでおかしくなりそうだった。「これでは定年退職後はどうなるんだろうと、目の前が真っ暗になるような感覚で生きていました」。

夫に暴力を振るわれたわけではない。しかし、あのままの生活が続いていたら、いずれ壊れてしまったかもしれない。そう先生は振り返る。

「それは私がそうさせていた。主人の振る舞いを私がそのように拾い上げ、それを主人に返すことで、そうなるように仕向けていたということなのです」。

学ぶことが楽しくなり、イキイキと自分のしたいことをする時間が増えるにつれ、120％くらい夫のほうに向いていた意識が学びのほうにシフトしていった。すると夫も威圧的（と思える）振る舞いが減っていった。恐怖を感じるシーンが少なくなっていった。

「円満かといえばどうかわかりませんが、それぞれ自分らしくいる。相手を自然に受け入れている。そういう夫婦でいられていると思います。何より私はストレスなく主人に接することができているし、思ったことも言えています」。

夫が怒り出すのではないかと思って、言い

たいことも言えず、すべて我慢していた日々。自分さえ我慢すればうまくいくのだと思い込んでいた。

だが、そうではなかった。自分が我慢をし、言いたいことを溜め込んでいくことで、夫の態度も硬化し、夫への恐怖も募っていった。

「以前は自分の勉強や楽しみのために東京に出かけるなんて、怖くてとても言えなかったんです。でも今は行ってくるねと言えば、東京は雨らしいから気をつけてね、なんて返事をしてくれる。普通のご夫婦から見れば当たり前の会話でも、以前の私にとっては夢のようです」。

■素のままの自分を認めたら世界が激変

長谷川先生が自分を出せるようになったのは、夫の前だけではない。「こんなことを言ったらどう思われるだろう」「こんなことをしたら気を悪くするかもしれない」などと誰に対しても遠慮がちで気を使っていた以前に対し、今は素のままの自分でいることができるという。

「人と向き合うときに思いやりや配慮が必要なのは当然です。でも自分に対しても同じです。自分が我慢することで成り立つような関係は違う。そして、付き合っていきたい人とは一方的に我慢をしなくてもちゃんと関係が成り立っていきます。私はスピリチュアルを学ぶことで、人間対人間として、正常な関係というものを知りました」。

夫が怖くなくなり、人に対しても自分らしく接することができるようになった。それだけではない。物事に対する漠然とした不安感からも解消されたという。

「前もってなんでも準備万端にしておきたいという気持ちが強く用意周到型でした。そうしていないと不安なのです。何が不安かと言われると答えられないのですが、とにかくすべてが揃っていないと心配で落ち着かない。準備万端というのは一般的にいい意味で使われます。だから悪いこととは思っていませんでした」。

しかし先生は、そのことが含む問題点にも自ら気づくことになった。

「そのときに感じたことをパッとする。そういうことも必要だし、人生を豊かにしたり、大事なことを見逃さなかったりするために必要なことだとわかりました」。

同時に、それまでの自分の気質が、親から引き継がれたものだということにも気づいたという。なんでも完璧にしたがる父親と、常に良妻賢母であろうとする母親。子どものときは、そういうふうには思っていなかった。優しくいい父親、おっとりして幸せそうな母親。そんな両親に大切にされて育った自分という構図で考えていた。

「もちろんいい父親、いい母親に大事に育てられたことは間違いのない事実です。私自身、幸せに過ごしてきたと感じています。ただ気づいたのは、完璧を求める父親に応えようと気が張っていた自分がいたこと、それによってブロックが生まれていたこと、自分の主人への接し方に両親の影響があったことも また事実でした」。

■もたらされたものを逃さないために

そのときに降りてきたことをつかむ。この言葉も経験に裏付けられている。ひとつの例として、次男が予備校生時代にひきこもりになりかけたことがあった。どう接したらいいのか悩んでいるうちに、なぜかふと「沖縄に連れていこう」と思い立った。

理由は本当にわからない。でも「行かなければ!」という気持ちが止まらなかった。まだ夫が怖かった時期。勇気を振り絞って夫に告げたところ「そうだね、連れて行ってあげてくれ」という言葉が返ってきた。一番のハードルだった夫がクリアできて、そこからつきものが落ちたように夫への恐怖が薄らいだ。

「それも自分次第だったんですよね」と先生に笑顔がこぼれる。

沖縄ではのびのびしたように見えた次男だが、受験はしたくない様子で「願書は出さない。ミュージシャンになる」と言う。「楽器の演奏経験もないのに?」「とにかく大学には行ってほしい」。そんな気持ちにとらわれながら「いや、これは次男のためという言い訳をしながらの私自身のエゴだ」と気づく。

それなら見守ってみようかと思ったときに「大阪芸術大学」という言葉が降りてきた。そのまま次男に「大阪芸大を受けてみない?」と聞くと「うん」と言うではないか。すぐに願書を取り寄せると、出願まで1週間を切っている。次男が600文字の志望動機を書きギリギリ出願。それでもまだ受験をためらっている様子の次男のために「大男になって大阪芸大の門を乗り越えていく姿を思い描いていました（笑）」。

結果は出願した2つの学科に合格。ちょうどその頃、思いもしない180万円の臨時収入があった。入学金その他で必要なお金は179万円。「鳥肌が立つような、でもなぜか当たり前のような気がしている自分がいました」。

■大阪の中心地、タワーマンションにサロンを

そういった経験がどんどん積み重なっていく。長谷川先生は、それを必要とする人のために活かしたいと考えるようになった。

レイキヒーリング、デトックス療法、透視リーディング、透視チャネリング、女神フレイヤのアチューンメント他、深めた学びをもとに、一人ひとりに合わせたヒーリングを行う。希望に沿ったメニューのほか、話をじっくり聴いていくカスタムセッションも人気を集めている。思考と感情をコントロールしていく思考現実化セラピーやそのための養成講座など、手掛けるメニューは幅広い。

特にレイキは個人セッションだけでなく、ヒーラーの養成も手がけている。

解決できる悩みの種類が多いという考えから「一家にひとりレイキヒーラー」の目標を掲げている。

相談者が自分自身に向き合い正直になれるセッションルーム

「セラピーやヒーリングというのは、これをしたらいいとか、自分にはどれが合うというだけでなく、今のその人の状態をどのように変えていくか。そのためにはどんなふうにしたらいいのか。そこからスタートなので、すべての学びが役立ちますし、どんな経験にもムダなものはないと思っています」。

大阪の中心地。心地よい気に満ちた落ち着くサロンもまた、不思議とスムーズに決まっていった。借りたときには夫にも言わなかった。前もって言うタイミングがなかったほどにポンポンと自然に決まってしまったからということもある。

「自分のサロンをもつなんて私にとっては夢みたいなこと。実現するとしても何年先のことだろうと思っていました。不動産屋さんで物件探しなんてしたこともありませんでしたから」。

　それが次男の受験が成功した直後、メンターの先生と食事をしていたら「私、あそこで昔サロンをしていたの」と言われた。高級なタワーマンション。家賃も高いだろうし、自分が借りられるわけがない。「でも、したい気持ちがあるなら聞いておくから」と言われ、そのまま縁がつながり内見。そして主婦で無収入の自分が通るはずがないと思っていた審査もあっさりクリアしてしまった。すぐにウェブサイトを作り集客の体制も整えた。

「サロンを借りたときも、人がたくさん集まる様子をイメージしました。でも、そんなポジティブなイメージングの底辺にネガティブ感情があったんです。こんな高いサロンを借りちゃった。どうしようっていう」。

　そういうネガティブをなくさないとイメージングしてもうまくいかないのだと先生は言う。そのためか、最初は集客に苦労したそうだ。しかし、それに気づいてネガティブ感情をなくしてから少しずつよくなり、多くの人を癒しサポートする今に至る。自分が癒やされた後、子どもや大切な人を連れてきてくれる人も多いそうだ。

「私は特に頭で考えてしまうほうなので、思考を止めるという大切なことをするのが難しかった。瞑想をしても雑念がきてしまうんです。でもメンターの先生に思考を止める方法を伝授していただき、しっかりできるようになりました。私のもとに来てくださる方々にも、それをしっかりお伝えしていきたいと思っています」。

■だれもがすごい能力をもっている

先生のサロンにこんな人が来た。

「ご主人が怖くてずっと怯えて暮らしていた。自営業をされていて、四六時中いっしょだから心が休まるときがないと言います。夜寝るときも好きなことができない。見つかったらどうしようと思ったら怖くなるという。それは自分がそう思っているからなんですよと言っても、なかなかご理解いただけないですね。まるで以前の自分を見ているようでした。悪いのは主人。なんとかして主人を変えないという。でも変わらなければいけないのはあなた自身なんです」。

先生はこうアドバイスした。24時間、夫が怖いということに集中している意識を、少しでも解放する時間をつくってほしい。好きな趣味があるなら、それをしている時間だけでも、楽しいことに意識を集中すること。

その人は、少しずつ趣味に没頭している時間だけは夫のことを頭から離して、自分のしたいことに集中することができるようになってきているそうだ。その結果、だんだんと楽な気持ちでいられる時間ができてきているという。

「自分が現実をつくりだしていること。それをほとんどの人がわからないでいます。相手が怖い。私は被害者、そういう図式から抜け出せないでいます。そのおおもとは不安。

不安な気持ちをもっている方が本当に多い。主婦の方は特にそうだと思います。私自身がそうだったからよくわかるのです」。

専業主婦だから何もできない。そうして自己肯定感がどんどん低くなっていく。その結果夫が怖い。子どものことばかり気にかかる。自分の気持ちを出すことができない。そういう負のスパイラルに陥っている人が本当に多いことを感じるという。

同時に「自分は犠牲者」という意識にとらわれている人の多いことを指摘する。

だがそれは違う。厳しい言い方をすれば「自分を犠牲者にしているのは自分」ということだと。

「すべて私が体験してきたこと。一緒の気持ちになって本質から寄り添い、共に良い方向へと向かっていきたい。不安をもっている人。家族が怖い人。感情を押さえている人。漠然とした不安を感じている人。そんな人々に気軽に訪れていただきたいです。そんなことないよ。あなたはすごい人。あなたが変われば家族が変わる。世界が変わる。私だって、こんなことができるなんて思っていなかった。そういうことをお伝えしたいです」。

最後に先生が一番強調していることをもう一度記しておきたい。

「100％あなた次第」。あなたが望む世界は、すでにあなたの中にあるのです。

現在先生は、女性がイキイキと輝いて生きていくための「女性の〝フェミニンケア〟ア

優雅な佇まいの空間は相談者の心をリラックスさせる

ドバイスのセッション・講座」に力を注いでいるという。

「女性として幸せな人生を歩むために〝フェミニンケア〟がとても効果的で重要な要素です」（長谷川先生）。

心の不調や体の不調に苦しむことなく、自分らしく輝いて生きていくためには「幸せを感じること」がとても重要と力説する。

先生自身の経験を通して「女性が自分を大切に思い、自分を愛すること」

それこそが女性として幸せになるために一番大切だと呼びかけている。

理想と現実とのギャップを「見える化」
自分と「フィット」するための助言と
エネルギー注入

CLEAR MIND《クリアマインド》

森川舞《もりかわまい》先生

得意とする内容：天職・転職、キャリアアップ・願望実現、起業・商売繁盛、開運、自己実現・自分探し、存在理由、存在証明、人生設計、不満・悩みの解消、封印・トラウマ解除

解決手法：オラクルカード（パーソナルセッション）、女神フレイア・エナジーカード®、カードチャネリング、ご縁カスタマイズ、養成講座、アチューンメント、ライフワークコンサル（スタートアップ）

解決方法：対面、遠隔、ZOOM、出張

時　　間：要予約　10：00～18：00（不定休）

料　　金：22000円／1時間～

住　　所：三重県

ホームページ：https://clear-mind2013.com/

メールアドレス：info@clear-mind2013.com

「あらゆる悩みは理想と現実とのギャップから生じる」と森川舞先生は断言する。

この言葉には軽いショックを受けた。これほど悩みや迷いの本質を言い当てる言葉を聞いたことがなかったからだ。

スピリチュアルというよりも哲学的でありビジネス界でも使えそうだ。生活や人間関係、家庭、学校すべてにおいて当てはまる。

人は悩みや迷いから逃れることは難しい。不安や焦りや寂しさを感じることも多い。

それは自分がこうあるべきと思っている場所と実際に置かれている場所に「開き」がありすぎるからだ。

これがギャップである。

■実業家 兼 占い師

スピリチュアル界では異質である。実際「変わっている人」と言われることも多いそうだ。

自分の存在を知りたいからとの理由でこの世界に飛び込んできた。占いが好きだからとか、霊感が強いからというような理由ではない。

三重県の実業家の娘として生まれ、その会社を受け継いで、兄とともに切り盛りしている。

仕事関係の相談が多く、同業者からの相談も多い。

「相談して来られる方のバランスを整えてあげる、存在そのものを整えてあげるのが、私の仕事でしょうか」と森川先生は語る。

多くの相談者は、自分の思いが先走りすぎてバランスを失っている。自分の存在すらつかむことができず、フラフラもつれたままでいる。

本音と建前に開きがありすぎることも多い。自分らしさを求めるあまり、逆に自分らしさがわからずに、壁にぶつかっている人もいる。

「そういう方々に、地に足をつけなさい、自分とつながりなさい」と先生は諭す。

例えば、会社からの人事評価と自己評価の開き。自分にはこれだけの能力があると思っているのに、会社が認めてくれない。それに見合うだけの権限を与えてくれず、給料も上がらない。これがギャップだ。

逆に自己評価が低すぎる場合もある。日本企業は社員に目標を与え、育てていこうとするが、それが重荷となり悩みとなり、ノイローゼ状態になってしまう。役職に就いたことでうつになってしまう、過剰な責任ある労働もこれに当てはまるかもしれない。

こういうことがあった。

大きなサロンに属している占い師からの不満話である。仕事が面白くないと言う。だんだんと仕事がつまらなくなって、捨て鉢になっているようであった。

自分の能力を発揮できるような相談者がなかなか来ないと言うのである。確かに高いレベルの占い師であったが、そこまでのスキルを必要としないような相談内容が多い。話をじっくりと聞いてあげることで、自己解決し満足してしまう相談者が多いのは事実だ。これでは自分の能力を生かすことができない。ここにギャップがある。

そんなことが重なってその占い師は相談者を選り好みするようになった。こんな態度はサロンが許さない。

仕事が面白くない、つまらないと思い始めるのも、こんなところから始まっているのかもしれない。

人間関係もこれと同じだ。人間関係がギクシャクするのも、向こうの思いとこちらの思いに開きがありすぎるからだ。家庭でもそうだし会社でもそうだ。もちろん恋人との間も友人関係も同じである。

■ライフワークコンサルタント

「まずは自分の理想と現実とのギャップを知ってもらうこと、その幅の大きさを理解してもらうことが第一歩となります」と森川先生は語る。

ジェスチャーをしたりホワイトボードを使って図に書いて説明したりすることも多い。

ここで重要となるのがその理想と現実を「見える化」することである。その効果的なツールがオラクルカードなどのカードだ。

先生が「これだけのギャップがあります」とストレートに指摘するよりも、カードで示した方が自分の「気づき」となるという。いったん、自分で持ち帰って、時間をかけて納得してもらうことも多い。

ここにおいてカードは単なるツール（道具）に過ぎない。大切なのは本人の気づきなのである。

次に先生がアドバイスして〝新しい図面〟作成に取りかかる。理想と現実のギャップをいかに埋めていくか、地図を描いていくのである。

与えられている現実の中に、いかに自分を当てはめていくか。あるいは現実を別の場所に求め、そこに自分の理想をフィットさせていくか。

もちろん本人の努力だけに頼るわけではない。必要と判断すればエネルギーワークを提供し、その人の心身を整えてゆく。アチューンメントだ。この能力も卓越している。

森川先生は十分なスピリチュアル能力を持つカウンセラーでありコンサルタントなのだ。

ライフワークコンサルタントと名乗っているのはこれが理由だ。自分を知るということは、自分につながることであり、天につながることである。このつながりを感じる時、人は誰でもスピリチュアルな存在に気がつくようになる。

自分が見えると、自分を支える軸足を持てるようになる。これは柱を持つのと同じだ。これが、天につながることになりスピリチュアルな存在を感じる。

自分の軸を持てないと、どうしても他人の軸に入って世の中を眺めることになる。自分の選択基準を持てず、人に委ねてしまう。自分の価値基準が見えないからフラフラしてし

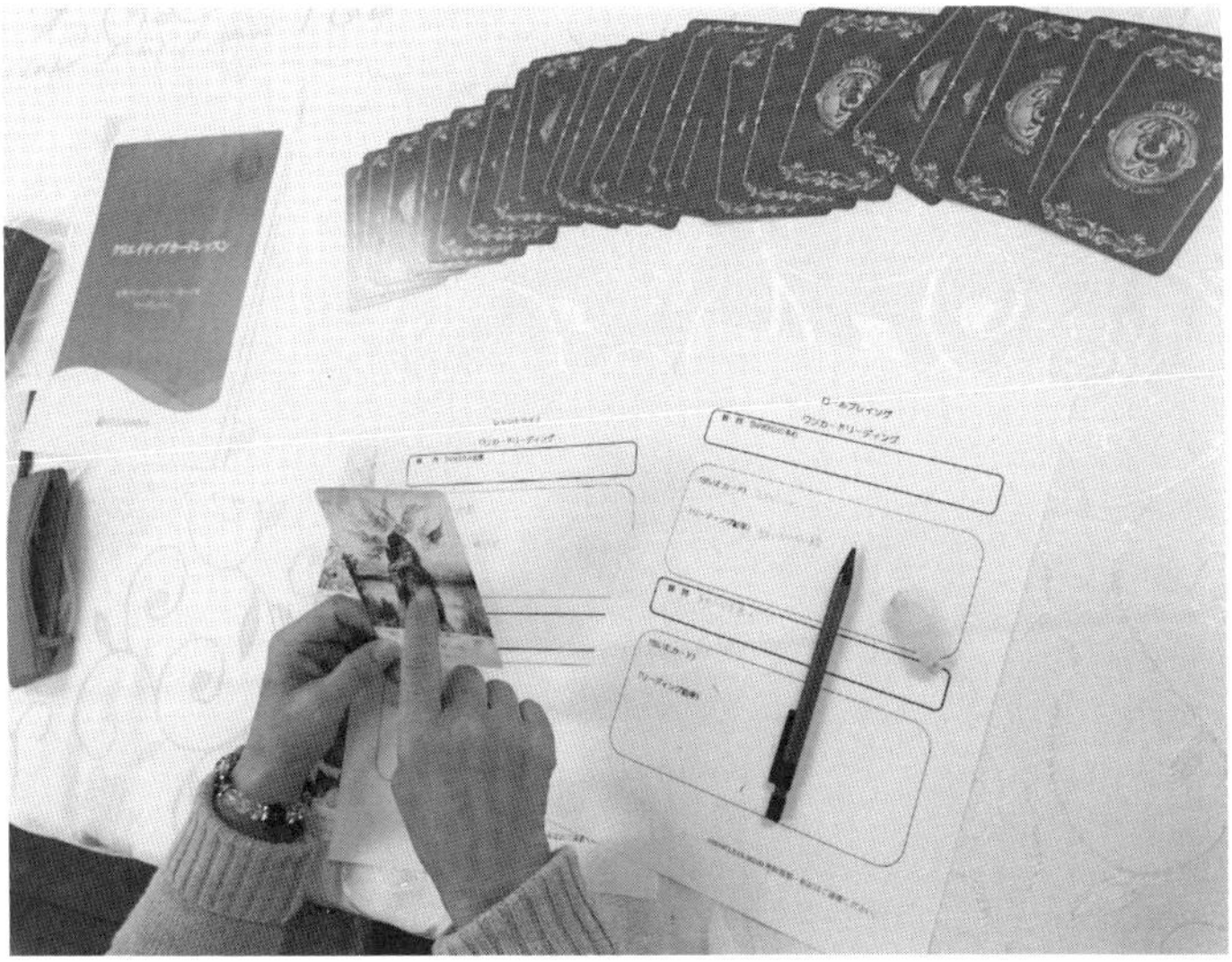

人生のカルテのような占断

まうのだ。

「カードを習う人にも、まずここから教えることになっています」と先生は説明する。カードは自分を映す鏡であるということ。カードを通じて、自分を見ること。これがカード習得のあり方だ。

いろいろなカードを試してみたが、最もシンプルでわかりやすいのがオラクルカードであったという。

そのカードの絵柄を相談者の前で示し、話すとお客様は自分で気がついてくれる。

ブロック解除も行う。

幼児体験でトラウマとなってしまった記憶を消し去り、相談者自身を解放させる。これで、次のアクションを起こしやすくなる。

散らばっている想念を整理統合することもある。必要なフォルダを必要なだけ作って雑念をしまい込み整理統合していく。

こんな先生の所には、実業界の世界からの相談者が多く経営トップや幹部現場のリーダー、議員や教職員などがしばしば訪れる。

■自分の足で立つこと

自分の軸をしっかりと持つこと。他人の価値観にとらわれず自分の軸をしっかりと守って生きていること。

他人軸になってしまうと、人間は窮屈に感じる。ここは自分の居場所ではないとどこかで感じ、息苦しくしんどくなってくる。

いつまでも盲目的に他人軸に従うことができればいいのだが、往々にして人間は自分の軸足に気がつくのである。

これはある宗教団体に属して、その信仰に疑問を持ち始めた信者の話である。

知り合いから紹介され入ってみてしばらく籍を置いてみた。最初のうちこそ、これが真理だと納得できるものがあったが、だんだんと疑問に思うようになってしまった。

また、よくあることだが献金の額がバカにならない。これでおかしいと思うようになったという。

こういう時は悶々としないで第三者に相談したほうがいい。自分の立ち位置が見えていなかったり理想にとらわれすぎていたりするからだ。

その点、第三者は冷静に観察することがで

きる。

その信者から相談を受けて先生は、ホワイトボードに本来その相談者がいるべき場所と、現状の場所の2つを示し、そのズレを明らかにした。

「あなたは自分でこの距離に気がついているはずです。だから悶々として、別の場所を探そうとしているのです」

このように告げると、すぐに相談者の目は輝き出し、頬が赤く染まるのがわかった。

「宗教に興味があるぐらいなので、スピリチュアルの要素もあるのでしょう。普通の人であれば何回かのセッションを行うのですが、この人は1回で終了しました」と先生は語る。

帰りがけに「何か自分のためにお金を使いなさい。そうね、買い物がいいでしょう」と先生が話したという。

「はい」とその相談者はとてもいい笑顔をした。

■悩みの本質に迫る

自分の立ち位置と理想とする立ち位置が違う。そのモヤモヤとは欲求不満のマグマのようなものだ。これがストレートに山頂から出てくればわかりやすいが、ちょっと離れた所から吹き出してしまうことも多い。

例えばこんな相談があった。

副業をしたいのだが、会社と両立できるか、会社を辞めるのは、キャリアを捨ててしまうことなので辛いと悩んでいるという。

40代の中間管理職の女性だ。働き方改革もあって副業OKの会社も多くなった。

良い学校を出て良い企業に就職している。それでも子どものころからの夢があって、年齢も年齢だし、その副業を始めるとすれば今が最後のチャンスではないかと思い詰めている。

よくあるケースである。背中を押して欲しくて来る人も多い。

しかし、話を聞いてみると、どうやらそんな単純な話ではないことがわかってきた。

この人はいつも上の人に気に入られ、目をかけてもらって、順調な人生を送ってきたようだ。学生のころは良い先生がいて成績が良かったし、良いコーチがいてアスリートとして国体に出場できた。

就職しても上司に目をかけられ、良い立場と仕事を与えられ、自分の能力を生かすことができた。

ところが、中間管理職という立場になり、自分の部下もでき､環境が変わってしまった。自分が部下を育てなければならないし、自分よりも優秀そうな部下もいる。そんな部下を上層部が引き立てようとしている。

だんだん目標が見えなくなり、立ち止まってしまった。そこで目の前に浮かんできたのが副業であったというわけだ。

彼女にとって問題なのは、副業をスタートさせることではない。自分の力で立ち位置を認識し、自分の力で目標に突き進んでいくことができるかどうかなのである。

副業に悩んでいるというのは後付け。自分の未来が見えなくなってしまったのが先にある。自分を照らす光がなくなって途方に暮れているのである。

他に光を求めるのではなく、自ら光らなければならない。副業をやるやらないは自由だ。大切なのは自分が輝くことができるかどうかだ。このことがわかれば彼女の悩みは解決する。

オラクルカードで自分や自分の立ち位置を見せてあげるが、オラクルカードはツールに過ぎない。ヒントを得るために必要なものとして使っているという。

■三重県で生まれ育ち道なりに生きる

「自分自身が見えていない人が多いのが事実です」と先生は説明する。「私自身、相談者から教えられることが実際は多いのです」とも語る。

三重県に生まれ育っている。

ビジネスレベルのアドバイスのできる先生は、都会に住んでいるかと思ったら、三重県に拠点を構えたままである。名古屋や大阪に出張したり、ネットで相談に応じたりしている。もちろん都会から相談に訪れる人も多い。

■一人でいる子ども時代

いつも一人でいる子どもであった。孤独が苦にならなかった。一人で物事を考えているのが楽しかったし、それを当たり前と思っていた。

はてなマークの多い子どもであった。なんでなの？　どうしてなの？　といつも質問するのだ。これに困って、母親はそんな質問をするなと怒るようになって、やがて話しかけてこなくなった。

子どものころの記憶に、町にクリスチャンの方の家があり、そこによく遊びに行ったことがある。居心地が良かったのかもしれない。友達も多く出入りしていて、誰が来ても構わない児童保育のような場所だった。

ところが、誰かが母親に、お宅の娘がこのクリスチャンの家に出入りしていると告げた。それを知った母親は激怒して、結局出入り禁止にされてしまった。

母親が世間の目を気にしすぎていることがわかり、窮屈さを感じたものだ。

一人でいる時間が多かったが、ものの見方や発想は普通だと思っていた。大人に近づくにつれ、そうでもないことがわかっていった。人との距離を認識するようになったのもこのころだ。

やがてこれが自分探しの旅となる。なぜ自分がこういう風になったのか、そもそも自分とは何なのか。どこから来て、これからどこへ行こうとしているのか。

人とは何なのか、さらには神と天とは何か知りたいと思った。こうして飛び込んだのがスピリチュアルの世界であった。

もう30を過ぎたころのことで、すでにそのときは実業家であった。

ある講座の生徒であったが、やがて頼まれ

て自分でセッションするようになり、さらには講座を持つようになっていった。

スピリチュアルな活動も会社組織としている。家業とスピリチュアルの2つの法人を掛け持ちで仕事しているのである。

確かに忙しいが、まったく苦痛ではない。むしろ自然である。

「流れに逆らわないんです。仕事をさせてもらっているという感じです」と先生は笑顔を見せる。

ビジネス界から相談者が多いのも、先生自身が実業家だからだろう。信頼感や安心感が得られるのではないか。

家業の業界では、リーマンショックでいくつかの同業者が撤退していった。その3年後には3・11東日本大震災があり、大きな影響を受けた。コロナにも組織として対策しなければならなかったし、ウクライナ戦争も無視できない影響がある。

そんな中で生き残りに成功してきた。

「会社をたたんでしまおうかと思えば簡単です。ただそれを選択しませんでした。だから今があります。大切なのは何を選択するかです」と、先生は語る。

倒産や破産は見舞われるのではなく、自分で選んでいるものだ。先生もお兄さんも、それを選んでは来なかった。

「問題が起こったら、それを正しく認識して解決すること。これがけっこう楽しいのです。天は解決できないような問題を人に与えません」と先生は語る。

■事例　介護士女性50代

森川先生の活動を理解できるよう、事例を紹介したい。

これは、三重県でバリバリ仕事をしている50代の女性の方からの相談である。

「2人の男性から誘われているのだが、どちらにしようかと迷っている」という内容であった。

50歳ながら、ずいぶん艶っぽい話かと思われたかもしれないが、まったく違う。ビジネスパートナーとして彼女がスカウトされているのである。

彼女は介護士であり、その方面では優れたスキルを持つスペシャリストであった。十分なノウハウと実績を持ち、自分でも次のステップへ進みたいと考えていた。

コロナが流行りだしたころの話だ。介護の世界でも、顧客への新たな接し方が必要になってきた。ビジネスの大きな変動の時期を迎え、今までにないスキルが必要となり、彼女に白羽の矢が同時に立てられたようだ。

男性のお二方とも同業者であり、よく知っている。信頼できるし、ビジネスとして手応えもありそうだ。

それだけに悩んでいる。どちらがいいか占ってほしいというのが相談であった。

よくある相談のパターンだが、一方の見方からすると、このような内容では占いに頼ることなく、自分で解決しなければならない。先生もそう考え、いきなり相談者に結論を告げることはしない。

まずはオラクルカードを見せ、カードの言わんとすることを伝える
「どちらの男性と仕事をした方がワクワクするでしょう？　どちらの自分が輝いていると思いますか？　ワクワクする方を選ぶべきとカードは告げています」と解説する。

すると相談者は、片方の方が明らかにワクワクし、残る一方は窮屈な感じがすると言う。ここまで鮮明に見えるのであれば、もはや迷う必要はない。自分で答えを知っているのである。

このような人生の大きな岐路において、占いに何もかも頼っているようではいけない。自分で自分の進路を決めることができることが大事である。

そのためのツールとしてタロットを利用す

美しい絵の数々が指し示してくれる

るのは効果的だ。さらには占い師もツールの一つと考えて利用するのであれば申し分ない。カードがなければ決められない、占い師がいなければ不安になる、というのではいけないのである。

■事例　サービス業女性30代

これもキャリアを重ねてきた女性からの転職の相談である。

アパレル関係のお店で働いているが、だんだん窮屈に感じ、仕事を続けるのがしんどくなってきたと言う。

このお店もそろそろ長いから、別のお店に移りたいと思うのだが、どうだろうかというのである。

先生には、これは転職というよりも、モチベーションの問題とすぐにわかった。転職雑誌やリクルートサイトを見て解決できるものではない。

素直で朗らかで、接客には向いている女性と見られた。接客のノウハウもあるし、業界にも精通している。

ただ、お客様との交渉に疑問を感じるようになってきたようだ。

例えば、似合わなくても「似合いますよ」と笑顔を見せなければならない。それが辛くなってきた。

そんな時に上司が変わり、その人に余計なことを言われたり、反対に大きく期待されたりして、しんどさに拍車がかかっている。よくあるパターンだ。

そこで先生はカードを示して転職後の自分のイメージを確認してもらった。すると、転職しても充実感が見えないという。

ここでは、相談者が自ら気づきを得ることが重要となる。そこで先生がアドバイスする。

「そうね、旅行にでも行ってみたらどうかしら?」

「旅行ですか」

「いきなり転職ではなく、その前に少し自分を冷静に見つめてみたら?」

「自分を冷静に見る?」

「そう。第三者の目で、自分に今何が必要かちょっと考えてみたらいいと思うの」

思い当たる節があったのだろう。その相談者は短めの旅行だったが、すぐに実行した。

そして、自ら自分に必要なことがわかった。

今まではただ楽しくて、接客が好きで、お客様の笑顔が好きでやってきたが、今自分はもう一歩ステップアップする時期なのだということがわかった。もっと接客のスキルを磨かなければならない。似合っていないものを似合っていると言って買わせるのではなく、お客様にとって有益なことを教え、サービスを提供するのである。それにやっと気がついたのである。

これで転職に悩む必要もなくなった。新しい上司との関係も良好になり、悩んでいることを素直に相談できるようになった。

今は、充実感をもって仕事に打ち込んでいるという。

■ご縁カスタマイズ

「人間、ご縁に沿って道なりに歩むことが大事ですよ」と先生は教える。

引き寄せという言葉が一時期流行したが、自分のゴールを強く思い浮かべ、自分にそれを当てはめたり周りを当てはめたりすることが必ずしもベストではない。人の一生はご縁で導かれているものなのである。

このご縁をテーマにしたセッションが「ご縁カスタマイズ」である。実際に先生自身がいくつものご縁に導かれてきた。

この道に入ったころ、ある高名な先生の出版記念会に顔を出し、そこで知り合った方からカードを勧められ、自分でも興味をもって学ぶようになった。

ズバリ!あなたの必要なメッセージがでてくる

さらに「このカードの講師になりませんか」と勧められ講師になると、今度は「カードを自分で作って自作のカードを持ったら？」と言われてハッとした。そこからスイッチが入った。デザインも美術の大学の非常勤講師が快諾してくれ、印刷屋にも恵まれた。

後から考えるとカード作成に必要な人はすでに揃っていた。

やがて法人化したが、これも他業者から譲り受けたものである。法人化したからには一定以上の売上を確保しなければならない。それもトントン拍子にうまく行った。頻繁に名古屋や大阪へ足を延ばすようになった。

大きな流れに乗ってここまで来ることができたが、すべてがご縁から来るものであった。

ご縁といっても、それが腐れ縁になってしまってはマイナスである。

マイナス要素が多いご縁は、感謝の気持ちを持って手放すことも必要。これまでのご縁を違ったカタチの関係としプラスに変換するためである。人との関係性の位置付けを整えることで大切な「ご縁」を良好にし、道開き、運気アップにもつなげていく。

これが「ご縁カスタマイズ」だ。

「みなさん、まず自分自身を信じること。自分自身を信じてチャレンジしてください。自分の世界を自分で作ってください。自分とつながることで、他の人ともつながることができます。他人軸ではいけません。ぶれることのないしっかりした軸足を持ってください」

と最後に先生は呼びかけた。

誰よりもあなたを理解し
誰よりも優しく包み込む
時空を紐解く魂の解放師
Prophet（プロフェット）

松《まつ》田《だ》 十《と》央《お》子《こ》先生

得意とする内容：過去世・近い未来のリーディングとカウンセリング、お財布リーディング、陰陽五行音叉ヒーリング、真芯調節（個別対応のオーダーメニュー）

解決手法：チャネリング、ヒーリング、カウンセリング

解決方法：対面、電話（※リピーターのみ）
出張鑑定（※別途交通費実費）

時　　間：10 時～18 時まで（応相談・要予約）

料　　金：新規 15000 円／ 60 分、リピーター 12000 円／ 60 分
12000 円／ 60 分、12000 円／ 60 分、50 万円／ 25 時間（分割払い 2 ～ 10 回。前払い一括 400000 円）

住　　所：大阪市東淀川区東淡路　阪急京都線淡路駅から徒歩約 7 分

電　　話：090-8440-5521

ホームページ：tohco-m-2022.com

メールアドレス：office.toco33@gmail.com
（新規の方は初回メールにてお問合せください）

これほどの理解者を、今まであなたは会ったことがなかったであろう。そして、これほど優しく包み込んでくれる人をあなたは知らないはずだ。

松田先生はあなたの抱えている悩みや問題の原因を、過去世の視点で明らかにしていく。それがわかっただけで、ほとんどの人は気づきを得て、心のつかえが取れる。さらに、近い将来がわかって、あなたは次のステップに進むことができる。

代々続く霊感の強い家系生まれ、この力で人の役に立つことがわかり、仕事として始めたのが12年前。紹介と口コミだけで訪れる人が多く、求められる形でメニューも揃えてきた。

■過去世リーディング

多かれ少なかれ人には生き癖がある。

例えば好き嫌い。これが食べ物程度ならいいが、人間関係になるとちょっとやっかいだ。

「近所の人間関係で悩んでいる」「会社の上司とうまくいかない」「部下に毛嫌いされる」さらに、これが家族になると、悩みも大きくなる。

「どうしても解決できない人間関係、自分でも理解できない好き嫌いは、過去世に起因していることが多くあります」と、松田先生は語る。

これはある女性からの相談事。どうしても父親が好きになれないという。何があったというわけではないようだ。

とても優しい父親で、小さいころから優しくしてくれたし、いい思い出しかない。もちろん虐待もありえない。

しかしどうしても恐怖心が先に立つ。二人きりでいることができないのである。

「それでは過去世を見てみましょう。よろしいですか?」と先生は聴いてからクライアントの過去世を見にいく。

リーディングを終えてから「ひとつの物語として聴いてくださいね」と断ってから見えた内容を話す。

「これはヨーロッパの小さい国の話です」と、先生の物語は始まる。

クライアントはその国の、小さな領主の娘に生まれ、父親によって屋根裏部屋に閉じ込められていた。父親は彼女を政略結婚させようとした。領主として生き残るための手段として、娘を利用しようとしたのである。

それを拒んで、彼女は逃げ出したが、すぐに捕まえられて、屋根裏部屋に閉じ込められ、この隔離が一生続いたようだ。

この話にクライアントは腑に落ちるものがあった。父親との関係がギクシャクしているのは、自分のせいではないし父親のせいでもない。過去世に原因があったのである。

「あなたに原因はありません。だから自分を責めてはいけません。原因は過去世にあるのです」という先生の言葉で救われる人が多い。

これは男の子二人兄弟の母親から寄せられた相談事。長男と次男との仲がひどく悪く、その相談であった。

次男は大学に行くことを口実に家を出て、東京に引っ越してからは実家に戻ることさえ少なく、ついには住所が定かではなくなってしまった。

夫と子どもとの仲は悪いようには見えない。ただ兄弟仲がひどく悪いので、心配だという。

原因が過去世にあるかどうか定かではなかったものの、過去世リーディングをしてみた。

画像が見えたが、色調が古く、ずいぶん前の時代のようだ。どうやら江戸時代かあるいはもっと前かもしれない。

土塁で囲まれた小さな城の構えがあり、そこで長男と次男が跡目争いをしている。次男にその気はないものの、長男が勝手に疑心暗鬼になっているようだ。

周りの者も、長男に余計なことを告げ口しているらしい。家来たちがそんなものだから、長男は人間不信になってしまっている。さすがにこれではたまらないと、次男は城を逃げ出してしまった。

「そんな映像が見えました」と先生はクライアントに伝えた。

これで不思議とクライアントは納得し、とても感謝された。

このリーディングによって、家族関係の悪化が、それぞれに原因があるのではなく、過去世によっているということがわかった。長男の性格でもなければ次男の性格でもない。ましてや、育て方の問題でもなかった。

過去世に起因しているのである。

クライアントの方はこれ以降、過去世に興味を持ち、その使い方などを教えてくれと懇願され、先生は講座を持つことになる。

「問題を抱えている人は、自分に原因があるのではないかと自らを責める人が多くいます。そんなことはないとわかるだけで気持ちが楽になって、問題のほとんどを解決できるようです」と先生は微笑む。

ここで先生は、クライアントの問題を解決するためにいくつものアドバイスをするわけではない。ただ、見えたものを伝えるだけである。

その見えたものさえ、セッションが終わったら、ほとんど覚えていないことのほうが多いと言う。

波動の整えられているセッションルーム

「相談者から、前回先生からこういうことを言われて、おかげでここまでになることができました。と教えられることが多いのですよ」と笑う。

クライアント自身が、自分で解決できることが多い。だから、先生が具体的なアドバイスをすることは少ないようだ。本人が気づきを得て、その時点から変化が現れていくのである。

松田先生の提供する過去世リーディングとは一時期流行った前世療法とは異なる。

前世療法とはアメリカで発達した催眠療法のひとつで、クライアントを催眠状態に導き自らが前世をイメージして問題の原因を探っていく。

松田先生の場合は、先生がリーディングしそこで見えた過去世のイメージをクライアントに伝える。そんなに大掛かりなものでもない。

ただその能力は天性にかかっているところが多く、簡単に真似することはできないかもしれない。

■過去世リーディングの様子

ここで取材に同席していた編集者が過去世を見てもらった。

先生は眼鏡をとって意識を集中し両手を合わせた。ほんの数十秒のことである。

その後に展開されたイメージを説明する。

「とても無邪気な方です」と、松田先生は語りだした。

「外国の瀟洒な建物、小さなお城でしょうか。花で飾られた小さな窓があって、中庭を見ることができます」（松田先生）。

中庭にも多くの花が植えられている。真ん中ほどに噴水があって、やはり花で彩られている。

ヨーロッパ調だから西洋の国だろう。日差しは明るく温かい。

7歳から10歳ぐらいの女の子がいる。これが編集者の過去世のようだ。薄い水色のふんわりしたドレス。無邪気な子で何でも楽しもうとしている。

「ポジティブですね。天真爛漫で毎日が楽しくて仕方がありません。そんなイメージが見えました」語り終えた。このようにして過去世を見るのかとわかった。

「最近、軽く見られることが多く、どうでもいいようにあしらわれます。何でだろうと思っていましたが、これでわかりました。それはそれなりに良いことかもしれません」と、編集者は納得したらしい。第三者の記者にはよくわからないが、こうやって相談者は気づきを得るようだ。

先生が言うには、ずいぶん残酷なイメージが見えることもあって、伝えるのを迷うこともあるらしい。

「この道に入ったころは躊躇していましたが、最近ではそれも神様からのお告げとして、正直に伝えるようになりました」（松田先生）。

感謝されるばかりではない。不満そうな顔

をするクライアントもいるし、怒って帰られたこともある。

しかし、後になって「過去世で見えたことは本当でした。今になってわかりました」と言われることもある。

■近い未来のリーディング

過去ばかりではない。松田先生は未来をもリーディングする。これが「近い未来のリーディング」で、過去世リーディングとセットで提供されることが多い。

「未来」まではなく、数年ほどの「近い未来」である。これもイメージで見える。

今世の野望を来世で実現する冗談めいたドラマもあるが、それとはまったく異なる。

数年先の状態を松田先生がリーディングしてクライアントに伝える。

例えば「自分の夢があって、近い将来それが実現しているかどうか知りたい」「そもそも自分が何に向いているか知りたい」など。これらは過去世も一緒に見ると効果的である。

デザイナーになりたいと言うのであれば、過去にその経験があるかどうかを確認する。江戸時代に浮世絵師として大成功していたことがわかれば、その人は絵描きの十分な才能があると思われる。これがわかれば、クライアントは大いに自信を持つ。

「起業したいがどうだろうか」という相談には、クライアントが過去世で実業家として成功していたかどうかを確認する。大航海時代に7つの海を渡る商人として大成功していたのであれば、成功の可能性を伝える。

この逆もある。

実業家ではなく、聖職者であったり研究者であったりすることもある。商機から見放されているようであれば、それを伝えクライアントは人生設計を作り直すことになる。

小説家としてここまで順調に来たが、書きあぐねているとの相談もある。過去世もやはり物書きとして成功しており、数年先には長編小説を出版して大きな賞も受けているイメージが見えれば、クライアントは自信を取り戻し、書きかけの小説を完成させることができる。

近い未来のリーディングで、株で大儲けしたり実業界で大成功したりしているようであれば、それを伝える。別の道で成功するかもしれないのだ。

過去世はセピア色をしているのだと先生は説明する。古い活動写真のようにモノトーンの映像が見えたらそれは過去世なのだという。

逆に色付きのイメージが展開されたら未来像だ。鮮やかな未来図は近未来でその映像が、薄くなるにつれ遠い未来の話となる。

どのようにすれば過去や未来が見えるのですかと聞いてみた。

まずはその相談者から話を聴いて、その内容を思い浮かべながら、数回深呼吸をする。そもそもセッションの前日から先生自身の心身の状態を整えていくのだという。チャクラを一個ずつ確認して、整っているかどうか確認する。グラウンディングがきちんとできているかも確認する。

クライアントの話を聴いてから、深呼吸でチャクラを整え、精神を統一する。

意識を天につなげる。チャネリングである。天には7つの層があって、順にそれを上って、最上階の天とつながる。

「天の存在を私は神様と呼んでいます。絶対神とか創造主と呼ぶ人もいますが、私は神様がしっくりくるような気がします」と語る。

「ここで神様にクライアントの過去世を見せてください、あるいは未来像を見せてくださいとお願いするのです。見させてもらうという感じです。特に限定しないでお願いすることもあります。その場合は展開されるイメージの色で過去か未来かを判断します」なのだそうだ。

リーディングで先生が大切にしていることはクライアントの話を聴くことである。

「聴いて聴いて、傾聴するのです」と先生は語る。

見えた内容を伝えるとほとんどの相談者が、「心が軽くなった」、「明るくなった」、「前向きになった」と言ってくれる。

心が解放されることから「時空を紐解く魂の解放師・Prophet」と友人が呼んでくれた。Prophetとは「預言者」を意味する。神様からの宣託を受けて、人々に伝える役割を持つ。

■お財布リーディング

リーディング以外の松田先生のサービスを紹介してきたい。

まずは「お財布リーディング」。

実に興味深いサービス名である。

関西ならではという気もするが、これも相談者から請われて財布のエネルギーを確認するうちに評判となり、メニューに加えることになった。もっと収入を増やしたいとかお金を循環させたいという人からの相談に応えることもある。

所有している人のエネルギーと財布のエネルギーのバランスがあっているのか。財布の使い方が正しいか。そんなことをリーディングで確認する。

「良い財布はシンプルでエネルギッシュです」と、先生は説明する。

「使い込むうちに、どうしてもエネルギーが減少しがちですが、必ずしも古い財布が悪いということはありません。丁寧に使っていれば財布はエネルギーを持ちますし、運気も向上させます」(松田先生)。

仕事は収入に直結し収入は財布に直結する。

逆に言うと、財布のエネルギーを充実させることで収入が増え、いい仕事が舞い込んでくるようになる。キャッシュレスが潮流となっているが、そのカードが財布に収められており、まだまだ財布の影響力が大きい。

お財布に興味を持つようになってから、ずいぶん多くの方の財布を見せてもらったり、触らせてもらったりしている。これらフィールドマーケティングから、人よりも財布の方がシンプルで単純でイメージしやすいということがわかった。財布をリーディングすることで、今のエネルギー状態がわかり、近い将来どうなるかも見えてくる。

先生に言われて「買い替えてよかった」「いい仕事が回ってくるようになった」などの成功事例が多い。このお財布リーディングだけで相談に来る人もいる。

お財布もお金も、スマートにシンプルに使わなくてはならない。

「お金の扱い方が大切」と多くの人が聞いたことがあるだろう。例えばお札の向きを揃える、折り畳んだりしない、種類を揃えて同じ場所に入れる等々。

これらお金の家が財布である。

お金も居心地の良いところに集まる。出て行ってもすぐに帰ってくる。出しても出しても戻ってくる。お友達も多く訪問してくる。

お金がお金を呼ぶ。

それはお金の力というよりも財布の力だ。

「お財布に保険証や診察券を入れている人がいますが、これはよくありません」と先生は諭す。

保険証や診察券はネガティブなイメージがある。面倒かもしれないが、お金とは別の入れ物に入れた方がいい。最近は診察券専用のケースも売られている。

免許証ぐらいはいいという。

ポイントカードの入れすぎもよくない。最

近はポイントカード流行りで、どこへ行っても「ポイントカードを作りませんか」と誘われる。ポイ活という言葉さえある。

作るのはいいとしても、お財布をパンパンにするのがいただけない。

スペースを空けた方がいいとも語る。

パンパンになっていると、お金も窮屈だと思い、出て行きたがるし、出て行ったら帰ってこない。

「エネルギーのなくなった財布は冷たい感じがします」と先生は語る。冷たいことは生気を失いかけている証拠だ。

「財布の価格を指摘する人もいますが、これはあんまり関係ありません。年数も関係ありません」と言う。

これまで何人か社長や実業家の財布を見てきたが、毎年のように財布を買い替えている人もあれば、古びた財布を使っている人もいる。十分な収入がありながら、持っている財布はブランド品でもなければ高価なものでもない人もいる。

「要は使い方です」と、指摘する。

ブランド品でも扱い方が雑だと、やはりお金は集まらない。

ただし、いくら愛着があっても、ステップアップをしようというのであれば、まずは財布を買い替えるという手段もあるらしい。

「財布を買い替えるということは、愛着のある財布を捨てるということではありません。休ませるということも必要なのです」（松田先生）。

財布をお金の家だと思って、居心地よく大切に扱うことが重要らしい。

■陰陽五行音叉ヒーリング

先生の3つめのサービスは「陰陽五行音叉ヒーリング」。音叉ヒーリングというのはよく聞くが、これは陰陽五行の木火土金水が刻印されている音叉を利用するヒーリングだ。それぞれ特有の周波数があって、効能が異なる。

「それぞれ得意とする症状や相性があって、これを勉強したんですが、理論っぽいことよりも体感重視ですかね」と、先生は笑う。

例えば精神的な疾患にはこの音叉、内臓の

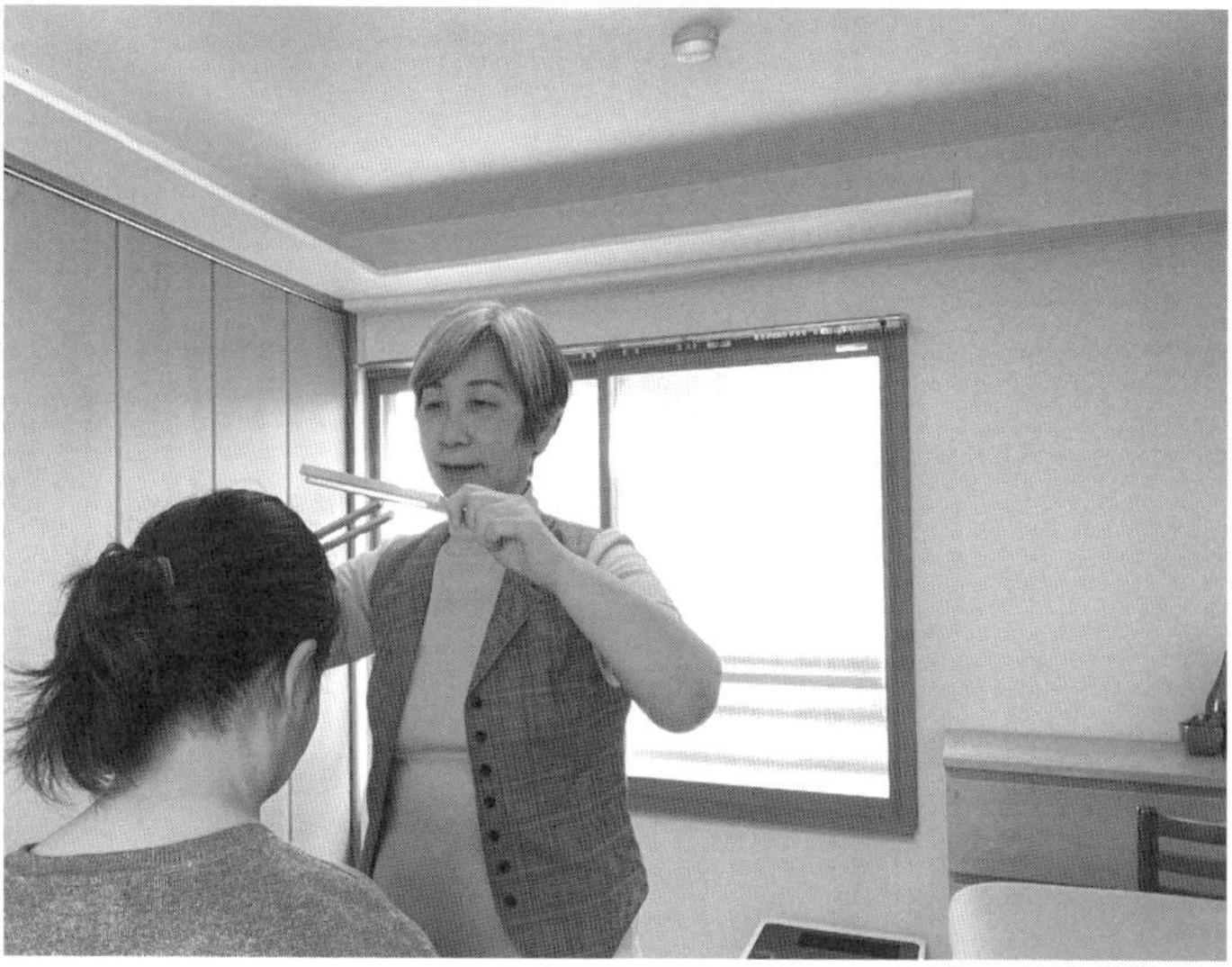

相談者を音叉で浄化していく

痛みにはこの音叉というように、得意分野があるようだ。

しかし、要はクライアントがその音をどれだけ心地いいと感じるかが大切。例えば、膝が痛いという場合、音叉を膝に当てて鳴らし心地いいかどうかを確認する。肩が痛ければ肩に当てる。選ぶのはクライアントの感覚なのである。

元々は先生自身の体験から取り入れたサービスだという。出張で東京に訪れた際、ホテルで眠れそうになく、友人に相談し、音叉ヒーリングを受けた。そこで効果があって、翌朝チェックアウトぎりぎりまで熟睡できた。目覚めもすっきりし、眠気が後を引くことがなかった。

「これは効果がわかりやすいしシンプルだ」と感激した。音楽セラピーの話も聞いていたことから、今がタイミングと音叉ヒーリングを学ぶことにした。十数本の音叉を利用する人もいるそうだが、先生は5本ぐらいがちょうどいいという。

「人間の体は6から7割は水分でできており、音に共鳴しやすい特徴があります。音叉の振動を与えることで体の不調を癒すことができます」と先生は語る。

■真芯調整メニュー（個別対応メニュー）

これは現在松田先生が開発中のサービスである。先生のこれまでの療法の集大成であり、じっくりと時間をかけて、クライアントの不調をトータルに整え、再び不調に陥らないようにするメニューだ。

「人間は往々にしてブレやすいものです。そのブレの少ない、生きていきやすい人生づくりを支援する総合サービスです」と先生は説明する。

真芯とは真ん中の芯のことで、例えば野球でもバットの芯に当たると遠くまでよく飛ぶ。人間も、そのど真ん中を調整することから、このネーミングにしたという。


確かに人間は、誰かの言葉に影響されたり、自分の勝手な思い込みがあって、それらが人間のブレとなる。それらブレをなくす、あるいは倒れてもすぐに起き上がれるようにする。

さらには、修正できたとしてもすぐリバウンドしてしまう人もいることから、時間をじっくりかけてリバウンドのないようにする。

過去世・近い未来のリーディングから始まり、カウンセリング、お財布リーディング、陰陽五行音叉ヒーリングまで、すべてのサービスを駆使する。さらには同業の先生、例えばアクセスバーズなどもネットワークし、クライアントに必要な施術を組み込んでいく。

実際「真芯調整メニュー」を作る前から先生のリピーターとなり、結果的に総合的なセッションを受ける人が少なくなかった。これであれば、最初からトータルな総合セッションとして提供した方が親切かもしれないと思ったのがきっかけだった。

骨組みはあるものの基本はクライアント次第のオーダーメイドだ。その内容もクライアントと相談しながら決めていく。

■霊感の強い家系に生まれる

卓越した能力に恵まれ、優しさと温かさを持つ松田先生。このような先生はどのような生まれなのだろうか。

聞いてみると母方が霊感の強い家系だったという。とりわけ母親の霊感が強かったという。

先生もその血を引いたらしく「あそこのおじさんが梯子から落ちる」などと口走ると、本当に梯子から落ちてしまい、母親が娘の能力に危険を感じたらしい。

その母親は、東北の田舎町で生まれ育ち、人の見えないものが見えたり聞こえたりする子どもだったという。近所から狐憑きと村八分になりかねない。そこで、先生の母親は能力を封印され、京都へ養女に出されてしまった。その経験から娘である先生の見える力を封印し続けたという。

しかし、その封印も先生が大人になるに従い次第に解かれていった。

知り合いから相談を受けることが多くなり、その霊視・霊感が不思議なほど当てはまるものだから、重宝がられるようになった。

「あなたの持っている力ってあんまり普通ではないから、仕事になるんじゃないのかしら」

「お金をもらえる価値があると思うんだけどね～」と言われるようになった。

そういうものかと、10年ほど前から、スピリチュアルなノウハウを教えてくれるところに顔を出し、系統立てていった。

ここで、人の心を読むリーディングであり、天とつながることがチャネリングであると整理し、仕事としてクライアントに提供するようになったという。

それからというもの、多くの方の悩みの相談に応えてきた。

「私はきっかけを与えただけ。変わる力はご本人が持っているのです」と、先生は控えめに語る。この控えめなところが松田先生の美徳でもある。

自らしゃべる方ではなく、圧倒的に聞く方が多い。自分のことをわかってくれると思うと、人は自然にしゃべり出すものだ。

確かに先生は何でも聞いてくれ、温かく包み込んでくれる。そして相談者の最大の理解者になる。

自分の理解者を得たいなら先生の門を叩こう。悩みや不調の原因をつかみ、自分がどこから来て、今どこにいて、これからどこへ行くのかわかるはずだ。

生まれてきてくれてありがとう
出会ってくれてありがとう
ありのままのあなたすべてを肯定します

Noble Light《ノーブルライト》

山下早知子《やましたさちこ》先生

得意とする内容：自分探し・自分回帰、バランスの回復、現状打破、不調と不安の解消、就活・転職、自信の回復、重圧からの解放、存在意義の発見、人生の再設計

解決手法：GRACE《グレース》チャネリング&ヒーリング、ヒプノセラピー、ソースライト・ヒーリング、デトックス療法、タイ古式マッサージ、フットセラピー、ソースライト・ヒーリング講座

解決方法：対面、電話

時　　間：受付時間10：00～15：00（完全予約制）

料　　金：GRACE チャネリング&ヒーリング 12100 円／ 120 分、ヒプノセラピー 16500 円／ 120 分、ソースライト・ヒーリング 8800 円／ 60 分、デトックス療法 8800 円／ 60 分

住　　所：京都府長岡京市今里　阪急京都線西向日駅

電　　話：090−1715−9681

ホームページ：https://noble-light211.com

メールアドレス：noblelight211@gmail.com

※お問い合わせはサイトから

これほど優しい眼差しを見たことがない。すべてを包み込んでしまう深みと柔らかさをたたえた眼差しだ。

聖母とはこのような人のことを言うのだろう。

その優しい眼差しで相談者に語りかける。

「生まれてきてくれてありがとう」

「出会ってくれてありがとう」と。

人はあるがままですばらしい。それだけで尊い価値がある。誰でもない、あなたはそのままで輝いているのである。あなたは生きているだけでかけがえのない存在なのだ。

山下先生を知って、自分の理解者を得て、相談者は新たな一歩を踏み出すことができる。

相談者だけではない。出会う人すべてに「生まれてきてくれてありがとう」と伝えたいと山下先生は語るのである。

自分を否定することほど辛いものはない。

しかし、人は往々にして自分を否定しがちだ。

自分は間違っている。大切にされていない。あの人から嫌われている。理解されていない。どこにも居場所はない。生きている価値も資格もない……。

こんな風に自分を卑下していないだろうか。

そんなあなたに「あなたはあなたのままですばらしい。あるがままのあなたで生きていく価値がある」と呼びかけるのだ。

「あなたは少しも間違っていません。私がすべてを受け止めます」このように先生は手を差し伸べる。

そして、先生はあなたのすべてを肯定する。

あなたに愛と光を与えてくれる。

人はすべて光の存在である。その自分の光に気づき、持っているはずの光を取り戻すこと。周囲のすべてと調和すること。喜びに満ちること。それはそんなに難しいことではない。山下早知子先生にすべてを委ねればいい。

■愛と光との出会い

長い人生の中、人はいつでも順風満帆とは限らない。

誰でも道に迷うことがある。悩みを抱えることがある。

人は二面性があって、自信家ほど自信を失いやすい。楽天家ほど笑顔を忘れやすい。

いつも笑顔を絶やさない山下先生にも迷いの時期はあった。

「身近に統合失調症の人がいたからかもしれません。人を慈しむ心は子どものころから持っていました」と先生は振り返る。

山下先生はその人に寄り添い、その人がやりたいこと、言いたいことを理解し、サポートしてきた。

成長するにつれ、出会いも増え、世界が広がりを見せていった。学校を出て結婚し、家庭に収まる。子どもを得たが、発達障害の兆候があり、子育てにかかりきりになった。

そんな中で自分の気遣いに疑問を持つようになった。人の目ばかりを意識していないか？　自分はこのままでいいのか？　こんなことでこれからどうなるのか……？

そんな時、友人関係にトラブルが起きてしまい、一気に人生がしんどくなってしまった。支えとしていたものが失われたようで、これからどうすればいいのか、わからなくなってしまった。

この時に知り合いから紹介されて訪問したのがサロン「そらとうみ」であった。

永田しのぶ先生が主宰するサロンで、山下先生は話を聞いてもらい、デトックス療法を受ける。

「不思議な感覚でした」と驚きの表情を隠さない。

「悩んでいたことがすべて押し流され、代わりに新しいエネルギーが注ぎ込まれました。1回の施術でここまで変わるのかとびっくりしました」（山下先生）。

これで山下先生は永田しのぶ先生の施術に強い興味を持つことになる。

デトックス療法でリフレッシュした山下先生であったが、さすがに翌日になると少しは不安になった。

そこで永田先生に電話をすると。

「では遠隔で光を与えましょう」と、永田先生が光を与えてくれた。

これでエネルギーがチャージされ、満タンになった。これ以降、エネルギーは減ることがなかった。ソースライト・ヒーリングによる遠隔療法であった。

デトックス療法とソースライト・ヒーリング。このとんでもないほどの効果を目の当たりにして、山下先生は施術の習得を決意し自分でヒーリングできるようにすることはもちろん、家族にもやってあげたいと考えるようになった。さらには悩みを抱えている他の人々の力になることができれば、これほどすばらしいことがあるだろうかと考えた。

■サロンのオープン

この初回のセッションが6月のことで7月には誕生日クーポンでチャネリングのセッションを受けた。

これで自分の決心に間違いがないことがわかり、講座の受講を決定する。

7月から8月が子どもの夏休みがあったので受講は8月の終わりからとなった。

永田しのぶ先生について、デトックス療法やチャネリングやソースライト・ヒーリングを学ぶことになる。

講座が始まると不思議と良いことしか起きない。毎日がハッピーになって良いことが日々重なっていくのである。

自分が変わることはもちろん世界も大きく変わっていった。

さすがに始めのころは、これを仕事にするとは考えていなかった。

まずは自分の子どもにヒーリングをしてあげたかった。その子どもにも効果が見られた。次は実家の母親。母親が体調を壊していたが、ヒーリングをすると元気を取り戻した。

さすがにこれだけの力を感じると、周りの多くの人にもやらせてもらえたら人々のお役に立てると考えるようになった。

内緒で進めていたのだが、夫に相談するとかえって勧められた。

長岡京で家を購入して町屋風に改装。素早く決断を下し、トントン拍子に話が進んで、わずか一カ月半、２０２１年2月11日にサロンをオープンさせてしまったのだった。

時間をかけてじっくり検討するというような状況ではなかった。勢いにまかせて突き進んだ形だ。

それまでスピリチュアルなことをまったく知らなかった。興味さえなかった。

ただ人の役に立ちたくて、カウンセリングの勉強をして団体に属して、電話カウンセリングをすることはあった。そこで、人の話を聴くことの重要性を学んでいた。

スピリチュアルな内容に加え、カウンセリングの要素も付加されたサービスとなった。

「暗い面持ちで訪れる相談者が、帰る時には笑顔になっていきます。とても嬉しいと思いました」と、山下先生は語る。

相談者の元気になっていく様が手に取るようにわかり、これが励みにもなった。

■GRACEチャネリング&ヒーリング

それでは、山下先生が提供する施術を紹介していきたい。まずは「ＧＲＡＣＥチャネリング&ヒーリング」。チャネリングとは高次元の存在とつながることでありヒーリングとは癒しのことだ。
人は誰でも「自分はかけがえのない存在」

だと、心のどこかで思っている。「自分にしかない独自の価値があるのではないか」と、おぼろげに感じている。

しかし、これに多くの人は強い自信が持てないでいる。自分で自分の存在がわからず、迷いや悩みに落ち込んでしまうことが多い。本当の自分が見えない。あるはずの自分の使命や価値がわからないのである。

これをメッセージとして教えてくれるのが高次元の存在だ。人によっては神と呼んだり創造主と呼んだり天と呼んだりする。あるいは究極の自分自身かもしれない。

その絶対的な存在に相談者に代わって山下先生がつながりメッセージを降ろしてくれる。これで相談者は自分の欲しかった回答を得て、本当の自分に気づいて、迷いや不安から解放されるのである。

あるがままの自分に自信を持つことができるようになる。本来の自分の使命を知って、迷うことなく未来に向かって進むことができる。

GRACEチャネリング&ヒーリングは、次のような人にお勧めだ。
・自分の本当の望みに気づきたい。
・望みを叶えたい。
・不安や心配なく安心して生きたい。
・人の価値観ではなく、自分の価値観で生きたい。
・自分を信頼して行動に移したい。
・自由で豊かに生きたい。
チャネリングに先立って先生が徹底的にあなたのことを聴き出す。相談者の悩みや課題を同じ次元になって感じることができるようになるまで、徹底して耳を傾ける。

その後チャネリングによって高次元のメッセージを相談者に伝える。

これで終わりではない。

相談者とそのメッセージを共有しどのような意味を持ちどのような行動に結びつければいいかを一緒に考える。そしてこれからの行動に必要なエネルギーを贈るためにソースライト・ヒーリングを行っていく。

これらの工程がほぼ1回のセッションで終了するが、必要によっては2度目3度目のセッションを行う。メールや電話での相談にも応えている。

「人は社会の中で生きていく以上、家庭や学校や職場などいろいろな役割を演じることになります。それら役割が重荷になったり苦痛になることがあります。その仮面を取り払って、ありのままのあなたに戻すのがこのセッションです。このセッションで本来のあなたの輝きを取り戻すことができます。そして、いろんな役割をブレることなく引き受けることができるようになります」と、山下先生は勇気づける。

■ヒプノセラピー

相談者が抱えている問題の原因を潜在意識のレベルまでさかのぼり追求し突き止め、その潜在意識を書き換えることによって問題解決するのがヒプノセラピーである。

潜在意識が人の行動や意識に与える影響は

極めて大きいが、人は潜在意識の存在を認識することができない。潜在意識の傷が、トラブルや失敗の原因として何度も繰り返される。

例えば、恋愛においていつも同じ失敗を繰り返し幸せになれないなら、潜在意識に原因があるかもしれない。友人や同僚、上司との相性が悪く、人間関係に問題を抱えている場合も潜在意識で解決されることが多い。潜在意識に書き込まれた失敗の原因をトラウマと呼ぶこともある。

いずれにせよ潜在意識の問題は個人では探ることはできない、解決することも難しい。

そこで山下先生が相談者とともに潜在意識の中に入り込み、原因を突き止め相談者の了解を得た上でその傷を修復する。

潜在意識の傷は、今世のものばかりではなく、場合によっては前世に起因することもある。それさえも突き止めて傷を癒す。

これによって相談者は今まで何度も繰り返してきた原因不明の支配から逃れることができるようになる。

ヒプノセラピーは次のような方に効果的だ。

・いつも同じパターンばかり繰り返してしまう。

・ずっと引っかかっている心の傷がある。

・自分を大好きになりたい！

・自信をもちたい！

・親から言われていたことが原因で現実がうまくいかない。

・周りを気にして行動できない。

ヒプノセラピーは、事前にカウンセリングを十分に行って相談者をリラックスさせ、アルファー波やシータ波を導き出し、相談者とともに潜在意識を旅する。

その旅の中で問題の原因となるものを突き止めて行く。そして突き止めた傷を癒し相談者は覚醒していく。

「相談者の方は、失敗の原因が自分にあると思いがちですが、そんなことはありません。原因は潜在意識であったり前世にあったりします。あなたは何も悪くありません。ですから安心してください。私があなたの過去の傷を癒します」と、先生は応援する。

■ソースライト・ヒーリング

ソースとは源のこと、ライトは光。本来その人が持っている光を取り戻すためのヒーリングがソースライト・ヒーリングだ。

人間は宇宙において一つのエネルギー体として存在している。光り輝いていることが人間の本来のあり方だ。だが、時としてその光が揺らいだり弱りかけることもある。これが体調不良や心の悩みとして現れる。

「疲れやすい」「体が重い」というのはエネルギーの不足であり、「悩みがある」「心配事がある」というのはエネルギー循環の詰まりだ。

そんな相談者に光を与え本来の輝きを取り戻すのがソースライト・ヒーリングである。

ソースライト・ヒーリングは次のような方にお勧めだ。
・イライラして疲れやすい。
・ネガティブな感情が出て辛い。

・やる気が起きず、身体も重い。
・不安や寂しさの感情に振り回されてしまう。
・人の目が気になって行動できない。
・自分に自信がもてない。
「光はエネルギーです。光は愛です。光は浄化です。ソースライト・ヒーリングによってあなた本来の輝きを取り戻すことができます。世界の人々がソースライト・ヒーリングによって輝きを取り戻すことができれば、世界中の紛争や貧困がなくなります」と先生は断言する。

ソースライト・ヒーリングは、自分で習得し、自己ヒーリングすることも可能だ。

自分自身を癒すことはもちろん、家族や周囲の人たちをヒーリングすることもできるようになる。山下先生も自分の子どもにヒーリングをしてあげたい思いでこの世界に入った。地道に学べば誰もができる。

「これはぜひ受講してほしい講座です。習得した瞬間から効果を確認できます。とても簡単です。自分が輝きを取り戻すだけではなく、周囲に光を与えることもできるようになります」と山下先生は強調する。

■デトックス療法

知らず知らずのうちに溜まった体の毒素を抜いていく療法である。複雑な社会環境やギクシャクした人間関係で生じてしまったマイナスエネルギーを浄化し、本来のプラスエネルギーだけにするのがデトックス療法だ。

山下先生が軽く足首に手をあてて、毒素を

抜いて行く。足首には毒素を排出するツボが集中しており、そこにエネルギーを与えることで体中の毒素を排出させる。

早い人ではその場で、普通ならその日の夕方や翌日には体調に変化が現れる。吹き出物や歯茎から膿が出てきたり、排出物に変化が見られたり、アトピーや花粉症が軽減されていく。

デトックス療法は次のような方にお勧めだ。

・肩こりや腰痛・偏頭痛が辛い。
・婦人科系の疾患に悩んでいる（生理痛・不妊・生理不順）。
・アトピー・かゆみ・皮膚疾患。
・心身の不調、なんだか心が沈んでいる、うつ。
・冷え性・便秘・めまい・風邪（熱）・耳鳴りなど。

「心よりも体調に直接作用しますので、わかりやすく効果を体感できる療法です。施術中に体が温まったり心地よさに眠ってしまう人もいます。2～3日後には体調に変化がありますので驚く人もいます。もちろんデトックス療法によって心のバランスを取り戻すこともできます」と先生は説明する。

■ボディケア

「とにかくリラックスしていただくことを重視しています」と、山下先生は何度も語る。

リラックスすることで、執着する心から解放される。相談者を縛っている執着する心を取り去ることで、心が軽くなり、新たな一歩を踏み出すことができる。

「リラックスするだけで良いことが舞い込んでくるんですよ。頑張りすぎるのは良くありません」と先生は笑顔を見せる。

先生が提供しているチャネリングやヒーリングもまずはリラックスしてもらうことから始まる。

そこで直接リラックスしてもらおうということで取り入れたのが、タイ古式マッサージとフットケアである。これはご存知の方も多いだろう。タイ古式マッサージを求めて先生のサロンにしばしば訪れる人も多いという。

施術を受けたクライアントから「肩こりと眠りが浅いのが悩みだったのですが、全身を丁寧にほぐしてくださり、ストレッチも心地よく、身体全体がすごく軽くなりました」というように感謝されている。

■ありのままの自分でいること

「そのままのあなたでいること、素のままのあなたでいること。責任感や役割から解放されて、生まれたままのあなたに戻ってください」と山下先生は訴える。そのままのあなたが最も輝いている。最もあなたらしいのである。

人に作られた自分ではいけないし思い込みで勝手に作った自分でもいけない。

しかしながら、周囲が常にあなたをのびのびとさせてはくれない。雨が降ることもあるだろうし風の強い日もある。そんな時は、それなりにできることをして構わない。例えば、植物であれば根を張る。

可憐な花を咲かせているタンポポもしっか

りと地面に根を降ろしている。土台がしっかりしているから黄色い花を咲かせ、白い穂となって風に身をまかせて種を飛ばせているのではないか。そしてたどり着いたところに根を下ろし、また新しい花を咲かせる。

あなたはそのままの自分を大切にして、のびのびと生きてほしい。山下先生の療法は本来の素のままのあなたに戻るためのものである。

デトックス療法はあなたの輝きを弱らせてしまうマイナスエネルギーを除去するためのものだ。ソースライト・ヒーリングはともすれば弱りかけたあなたの輝きを取り戻すためのものだ。

ヒプノセラピーは本来のあなたであるためのメッセージを創造主から受け取るためのものだ。

ＧＲＡＣＥチャネリング＆ヒーリングはあなたの生まれた意味と使命を再認識させるものだ。すべてはあなたがあなたでいるためのセッションである。ですから、本来のあなたに戻ることで、自分のやりたいことが、やりたいようにできるようになれるのです。

コロナ禍になってふさぎがちになっている人と、これを好機に勉強をはじめ新たな一歩の準備をしている人の二分化が目立つ。

山下先生自身もコロナ禍で「そらとうみ」の施術を勉強し、サロンのオープンまでこぎつけた。

人は生きているだけで、重荷を背負ってしまう。子どもとの関係に悩み、夫との諍いに心を痛める。上司は上司の葛藤があり、部下には部下の苛立ちがある。仲間との間にも序列を作り、自分の役割を探そうとする。

そんな人たちに山下先生は「頑張りすぎないで」と声をかける。あなたはあなたのままで完璧な存在だ。最適なバランスと喜びに包まれている。それを山下先生は取り戻してくれる。

「人は光の存在です。自分の光を認識することで相手の光も確認できるようになります。光が光を呼ぶ連鎖が起こり、そこに幸運が訪れる。そうなるともう、良いことしか起こりません」と先生は強調する。

そんな明るい世界をつくりたい、これを世界に広めたいのだと山下先生は訴えるのである。

■事例1　陶芸家　30代女性

最後に事例を2件紹介して終わりにしたい。

まずは、乳がんを患っていた30代の女性。医学療法によって乳がんは癒えたが精神的になかなか立ち直ることができない。

「いろいろしんどいことが多くって」と山下先生に助けを求めてきた。

最初にデトックス療法を行う。これだけで、憑き物が取れたように、明るい笑顔を見せるようになった。

次の日にはメールで体調も心理的にも元に戻ったと感謝のメールが届いた。

ちょっと間をおいて2度目の施術としてソースライト・ヒーリングを行った。

カウンセリングをすると、何か始めたいのだが、今一歩踏み出せないでいると話す。しかし先生にはもう、相談者が何をしたいか自分でわかっているはずだと感じていた。学生のころから打ち込んでいた陶芸をもう一度やりたいと相談者が口にした。

芸術系の大学に入っており夏休みには窯元に合宿してプロさながらのレベルになっていた。恩師もいるし仲間も多い。

きっとこの女性は、この道に進んでいくだろうと山下先生は感じた。

3度目の施術がヒプノセラピー。これで相談者には陶芸の道へ進む使命も能力も与えられていることを再認識した。

現在若手の陶芸家グループに所属し、陶芸を学びたい人のための教室を開いて、多くの人に陶芸の楽しみを教えている。

■事例2　エステシャン40代　女性

20年ほどエステシャンとして実績を積み、すでにあるチェーン店の店長として腕を振っている方からの相談。本部からも頼りにされ、この仕事が自分の天職だと自覚している。

仕事が好きだし、エステシャンとしてもっといろいろな技術を身につけ、さまざまなサービスをお客様に提供したいと考えている。しかしそこはチェーン店である。勝手なことは禁止されている。

有名なチェーン店の看板を掲げるメリットは多いものの、自分の自由にならないことに苦痛を感じ始めていた。

ヒプノセラピーを受けて、モヤモヤしていた自分の心を自分で整理した。この人に必要なのは、後押しだけだと山下先生は感じた。

2度目の施術でソースライト・ヒーリングを受けて、続いて講座も短時間で習得した。土台ができているのである。

相談者はすでに自分のサロンのオープンを決心し場所も時期も決定している。

きっとこの人でなければできないオリジナルなサロンができると、山下先生は確信している。

「心の病」は医療では癒せない
前世・前々世で傷ついた「魂」を修復

自然《しぜん》気《き》力《りょく》治《ち》療所《りょうしょ》

坂本良行《さかもとよしゆき》先生

得意とする相談内容：パニック障害、気（エネルギー）の調整、難病・持病、ストレス解消、健康維持、願望実現、運気向上、喘息、アトピー、鼻炎、花粉症、腰痛、各種悩みの解決、その他慢性病から急性病まで全般に対応

施術手法：気力治療（気功）、ストレス解除治療

施術方法：遠隔、対面、出張

時　　間：9：00〜12：00　14：00〜18：00（午後は予約制）
木曜定休

料　　金：初見料　2000円　施術料　3000円　出張料　別途

住　　所：〒370−3522　群馬県高崎市菅谷町77−338

電　　話：027−372−3400
090−3088−8986

メールアドレス：shizenkiryoku@khh.biglobe.ne.jp

サイトURL：http://www.shizenkiryoku.com/

「心の病」が増えた。
○○症、あるいは○○症候群と呼ばれ、精神科や心療内科に通院する人が多くなっている。カウンセラーを頼る人もいる。だが、それでもなかなか快癒できない。
「これはその本人自身に原因がないからです」と坂本良行先生は指摘する。

「心の病の原因は『魂』にあります。前世や前々世で傷ついた魂を癒さなければなりません」と言うのだ。

例えばパニック症候群がある。

人混みに放り出されるとたまらない恐怖感を覚え、動悸がしたり顔面蒼白になったり息苦しくなる。他人と冷静に会話できないし人前に立つこともままならない。しまいには家を出ることさえ怖くなり、引きこもりとなる。

男性恐怖症の女性も多い。高所恐怖症や閉所恐怖症もよく言われる。ダイエットと過食もカウンセリングでよく取り扱われる症例だ。

これらの原因が本人の心の中にあれば、カウンセリングで改善されるかもしれない。

しかし、その原因が魂にあるのであれば、カウンセリングでは施しようがない。精神科や心療内科で対症療法に走って、薬漬けにされてしまう危険性も多い。

「魂に原因がある」とはいったいどういうことなのだろうか。

■すべての病気はストレスが原因

坂本良行先生は、パワーも理論も日本トップクラスの人である。自然気力治療所を設立して33年ほどがたち、実績・経験もやはり日本トップクラスだ。

坂本先生の理論によると、すべての病気はストレスから生じているという。地球も含めて宇宙には、あまねく気（エネルギー）が充満している。人間の身体にもこの気が巡っており、これが滞りなく循環している限り、人間は病気に陥ることはない。

しかし、この気の流れがどこかで詰まって循環に不具合が出ると、人間は病気という症状になって苦しめられる。この気の巡りを阻害するものを先生は「ストレス」と名付けている。世間一般で使われるストレスとはかなり意味合いが違い、大きくとらえている。

気の循環に不具合の出ることが「病気」であり、その気の流れを改善し元に戻ることが「元気」となる。

もとより現代人は、極めて多くのストレスにさらされている。

学校時代には勉強やクラブ活動があり、仲間や先生との人間関係がある。社会に出れば会社があり、人付き合いがあり、上司や部下がいる。家庭を持てば持ったで、やはりストレスにさらされる。

気は常に循環していなければならないが、ストレスが循環の目詰まりとなって身体に大きな悪影響を与えるのである。

坂本先生の究明によると、人間を巡る気の流れには3つの階層があるという。

最も人間に近いレベルが「自分」のストレス、その上に「先祖」のストレス、さらに「魂」のストレスがある。正確には魂には前世のストレスと前々世のストレスがあるが、ここではわかりやすくひとまとめに「魂」とする。

前述のように心の病は、階層上部の「魂の傷」が原因となっているのである。

医学で改善できるのは「自分のストレス」だけであり、他は不可能だ。

魂は輪廻しており、人の場合は母親の安定期になると胎児に宿り、これを持って胎児は人間となる。やがて母親の胎内から出て誕生することになるが、寿命とともに肉体から魂が抜ける。これで人は死ぬが、残された肉体は「抜け殻」と呼ばれ、これは魂が去っていったことを意味する。

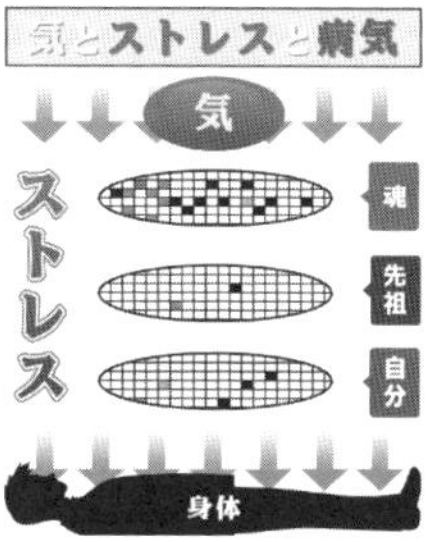

〈https://shizenkiryoku.com/にある図〉

■魂の傷とは

魂の傷のわかりやすいのが高所恐怖症と閉所恐怖症だ。

高所恐怖症は前世あるいは前前世で高いところから落ちて、亡くなったことが原因である。幼児体験のレベルではない。幼児体験のトラウマであれば、カウンセリングでも改善されるかもしれない。しかし、前世や前前世で高所から落ちて亡くなったとなれば、カウンセリングでは不可能だ。

閉所恐怖症も閉じ込められて死んでしまったことが原因となっている。これもカウンセリングや精神科から処方される薬で改善を望むことはできない。

過食症も同じだ。前世か前々世で餓死して

いるのである。その経験が魂に刻み込まれており、今ある食べ物をすべて平らげてしまわないと不安になるのだ。

パニック障害も多くは魂の傷が原因だ。前世、あるいは前前世で思わぬ事故に巻き込まれて亡くなった場合、その引き金となるような音や場面に驚いて、自分を制御できなくなる。些細な周囲の変化でもパニックになり、動悸が止まなくなる。

前世で他人に殺害されていると、対人恐怖症に陥る。初めての人に会うのが怖くて辛くなる。

日本では江戸時代に切捨御免があったし、戦争に駆り出されて戦場で殺されることも珍しくはなかった。その恐怖感が魂の傷となり、思いもよらぬきっかけでパニックに陥る。

■少彦名命《スクナヒコナノミコト》との共同作業

坂本先生の施術は、相談者からの話を聞くことから始まる。

次に原因を解明する。すでにこの段階から神との交信が始まっている。

その原因が魂にあるとわかると、少彦名《スクナヒコナノ》命《ミコト》に治癒を依頼する。

具体的に神様の名前「少彦名命《スクナヒコナノミコト》」を特定しているのが坂本先生のユニークなところだ。どの神様なのかを明らかにしている。ここまで言及しない人も多く、あるいは「どの神様かわからないがしかし快癒する」と言い切る先生もいるし、ただ「神」と漠然と答える人もいる。

少彦名命は大国主命と国づくりをした神様

であり古事記にも出ており、坂本先生の応援の神様である。医薬の神様としても知られている。

「八百万《やおよろず》の神の中で、病気の治癒能力を持っているのは少彦名命以外にありません」と坂本先生は断言する。

■パニック障害の改善例

それでは具体的な改善例を紹介していこう。これは長野の農家50代男性からの相談であった。長野に出張して施術をしている時に、たまたま紹介されたのだという。

その男性は、外に出たり人と会ったりするのが極度に苦手であった。

「人と会ったら、その人に殺されるような気がするのです」とまで言うのだから、尋常ではない。

こんな症状なのだから、人混みに出ることはできないし、映画館に行くことも、スポーツ観戦もままならない。

半ば諦めていた心の病も坂本先生ならどうにかできると相談にきたようだった。

「この方は9回の施術で改善されました」と先生は報告する。1回目は対面で対応したが、2回目からは電話となった。回を重ねるごとにみるみる改善され、相談した本人も驚くほどであった。

電話の場合は、ほんの数分で終わる。

「電話を切ったら20分ほど激しい運動をしたり、外に出たりしないでくださいね」と告げられ、おとなしくしているだけである。この間に、少彦名命が先生に依頼されて相談者の魂の傷を修復しているのである。

今ではお腹が痛いなどというようなレベルまで坂本先生に相談するようになっている。

■算数嫌いの克服

変わったところでは、勉強嫌いも魂の傷として改善させたことがある。

「うちの孫が算数が苦手でね」というような話になった。坂本先生は相談者からの依頼に応じて月に一度気エネルギーの診断と調整を行っている。その席での話だ。

「じゃあ今度連れてきてください。算数を得意にすることができますよ」と、先生は当たり前のように答えたが、さすがに相談者はいぶかしげな顔をした。勉強嫌いは病気ではないと思い込んでいるのだ。

連れられてきた子どもは小学6年生だった。普通の子どもであったが、確かに数字が大嫌いであった。数字を見るのも嫌い、書くのも嫌い、計算するのが大嫌いだ。これで算数ができるわけがない。

見ると予想どおり魂の傷が原因であった。これも先生は9回の施術で改善している。

少年はみるみるうちに成績を伸ばし、家族や周囲の者たちを驚かせている。

能力の限界を病気ではないと諦めている人も多い。だがそこに救いの手を差し伸べるのが坂本先生だ。困っていることがあったらぜひ相談してみよう。

■ストレスを溜めないテクニック

「ストレスがすべての病気の原因である」と説明したが、最後に先生がストレスを溜めない方法を教えてくれた。

　人間はマイナス思考の言葉を使いたがるし、実際にマイナスの意味の言葉が多い。その言葉の選択で迷うよりも、とにかくすべてに対して「ありがとう」と思うこと。これで間違いなくストレスがなくなる。

　叱責されて「嫌な奴だな」と思うのではなく「ありがたい」と思う。怒られたのではなくアドバイスをもらったんだと思う。要は受け止め方である。これだけでストレスを持たなくなる。これは名言ではないか。

　雨に笑顔を見せればプラス思考、眉をひそめればマイナス思考になる。あなたがどう思おうと雨の日もあれば晴れの日もある。それに変わりはないが、これをストレスと思うかどうかはあなた次第だ。作物を実らせる恵みの雨、穀雨だと思うのである。

　最初は難しいかもしれないが、心がける価値は十分にあるだろう。

コラム
column

住職の母　何でもお悩みお聞きします

大泉寺《だいせんじ》（西信寺《さいしんじ》別院《べついん》大泉霊園《おおいずみれいえん》）　佐々木美加

残りの人生を自分の為に生きていこうと思う貴方へ

あなたは不安をひとりで抱えこんでいませんか？

自分は孤独だ、ひとりぼっちだと、さみしい思いをしていませんか？

人が生きていくということは、出会いや別れ、喜びや苦しみ、いろいろなものを積み重ねていくことです。

人を成長させるために「試練」というものが用意されているのでしょうか。

一生を通してなにひとつ苦しみのない人はいないと思います。

苦しみの渦中、不安を抱えて、ひとりでもがいていらっしゃる方も沢山おられます。

周りに弱い自分を知られたくない、話せる人がいない、人に頼れない…元気に振舞ってクタクタになっていませんか?

所詮人間はひとりぼっち…

そんなことはありません。
あなたは、ひとりではありません。
ひとりで抱えないでほしいのです。
不安や孤独を抱えているあなたのお役に立ちたいと思い、この文章を書き始めました。

阿弥陀如来像

何でも話せる場所がある、何でも聞いてくれる人がいるなど、人と繋がっている安心感が必要だと思います。
人はつながりがとても大切で、その安心感で救われる瞬間が生まれます。

私たちは、日々多くのストレスにさらされています。

私どものお寺（大泉寺）は動物のお寺ですので、ペットロスに悩む方たちの話を聞かせて頂く機会がたくさんございます。泣きながら苦しみを打ち明けて下さる方も多くいらっしゃいます。

私自身もペットロスでひどく悲しい思いをしてきましたので、とても理解できます。

私と同じように、亡くなったペットがどんなに自分を支えてくれていたのかと思い知らされ、なかなか立ちあがることができないでいる人も多くいます。

なかなか抜けられない苦しみ。

その苦しみを吐き出し、そして、少しだけ気持ちを楽にしてください。

私どもの考えるお寺とは、そういう時こそ、悲しみの駆け込み場所として存在するところでありたいと思います。

静かな佇まいで迎えます

悲しみの真っただ中にいる人、孤独の不安で押しつぶされそうな人、そういった皆さまの「心の安らぎの場」でありたいと願っております。

私がそういう方に寄り添い、役に立ちたいと思うのは私自身、多くの悩み、苦しみ、不安を抱えながら生きてきたからです。両親の不仲、母との葛藤、父に対する不信感…そんな環境から逃げ出したいと思う時も多々ありました。

ご住職と共にお寺を護る

それは、結婚しても嫁姑問題、夫婦間の葛藤もかなりあり、「なぜ自分だけが」と長い間苦しんでいたものです。辛い思いをする度に「何の為にこんなに苦しむんだ」「何の為の経験なんだ」といつも思い巡らせ、結局は我慢してやり過ごす日々。長所を書くような機会があれば、〝我慢強い〟といつも書いていました。

そんな精神状態は、やがて健康面にも影響しました。

しなければならない事、した方がいい事をして、何かあっても我慢していれば何とかなると過ごしてきた私は、40歳くらいだったと思いますが、限界を迎えたのをついこの前のように覚えています。

その時に気づいたのは、私は自分の人生を生きていない。

自分を置き去りに生きてきてしまった。

自分をないがしろに生きてきた。

これからは、自分を大切にしていきたい。

そこから20年近く経って、自分なりに色々なことへの整理もつき始め、考え方も変わり、色々ありながらも今では両親とも良好な関係を築き住職の母として、穏やかな日々を過ごせるようになってきました。

あなたは本当の自分と繋がっていますか？

全ての出来事には意味があり、起こるべくして起こっていることも多々あると思います。

人は生きているのではなく、生かされていて、皆に一生の役割があると言われています。人はそれぞれの立場で、一隅を照らす灯火になることが大切です。人はそれぞれの世界で果たす役目を持って生まれてきます。

何の為に生きてきたのかを見つける為に人生があり、一生のお役目をいつ見つけられるか、それを知る為に努力をし、進化し、変化していきます。

お寺の人間という立場だけでなく、私個人として、人様や動物たちのお役に立ちたい、寄り添っていきたい、そういう思いが強くなっていきました。

そんな中で始めたことがいくつかございます。

ひとつは、ペットの「里親の会」（譲渡会）です。お寺を新しくしたこともあり、動物による癒しを広げることができればと考えています。

ペットロスの解決策のひとつに、新たな出会いもあります。それは、あなたを求めているペットの魂と、あなたの辛い心が出会って、双方のかけがえのない癒しとなるのです。たくさんの幸せな出会いを願っています。

大好評の里親会

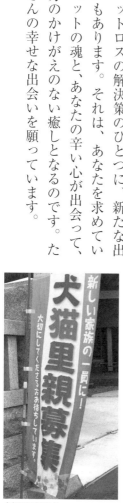

人間は火葬したあと四九日に納骨をするのが常ですが、ペットの場合はお骨を長くお側に安置されている方も多くいらっしゃいます。

そんな方のためにペットの写真立てやお骨壺の台のハンドメイド作成を始め、販売を開始しています。亡くなってもペットが「お骨として側にいる間」をかわいらしくあるお手伝いをさせて頂きたいという気持ちを形にしました。

小さなことでも心に光が灯ることを願いすべてのことに取り組ませていただいております。

また、時には〝ご供養の会〟と称して、御供養の法要と共にペットロスの方のお話をお聞きする行事もあります。ペットロスの方は、同じような人たちの話を聞くことで、自分だけではないんだと心が軽くなるようで、みなさま笑顔になって帰っていかれます。

そういったコミュニティの場でもありたいと思います。

お寺だからといって、仏教の法話をするだけではなく、みなさまの想いに寄り添うことで、相談に来られる方にほっと安らぐ時間を提供したいのです。

清浄な空気に包まれる

私どもの考えるお寺とはオープンな環境のなか、誰でも出入りできる場所であり、そこで、あなたの心のなかに一筋の光がさしてくれたらと願います。

時に泣き、時に笑い一緒にお話しをしましょう。

生きていれば辛い時、悲しいとき、そして孤独に苦しむときがあります。

そんなときは、いつでもご連絡ください。

あなたが話したいことがあればそっと耳を傾けます。

ペットの写真立てやお骨壺の台のハンドメイド作成を

住所：〒178－0062
東京都練馬区大泉町2丁目57－21
大泉寺（西信寺別院大泉霊園）　佐々木美加
https://oizumi-daisenji.jp/
電話：TEL03－3924－5123
メール：info@oizumi-daisenji.jp

難病・奇病の専門家!
西洋・東洋・気功・霊感・薬草の最高峰
多彩な事例とわかりやすい理論

劉《りゅう》気《き》功《こう》気《き》療《りょう》院《いん》

劉《りゅう》 偉明《えいめい》先生

得意とする相談内容:がん、リュウマチ、耳鳴り、自律神経失調症、うつ病、精神障害、認知症、喘息、気管支炎、高コレステロール、狭心症、不整脈、高血圧、肥満、冷え症、頭痛、めまい、ギックリ腰

施術手法:気功

施術方法:対面、遠隔

時　　間:完全予約制　10:00～18:00(日曜定休)

料　　金:初回:3000円/30分　2回目以降:5200円/30分

住　　所:〒130−0022　東京都墨田区江東橋4-29-13第2鈴勘ビル502

電　　話:03−3846−8323

サイトURL

https://www.liuqigong.com/introduction/introduction

「劉偉明　劉気功気療院」で検索!

難病の施術を宣伝文句のひとつにしている先生は多い。だが、実際に「難病」をあえて前面に出すとなると、その数は少なくなる。難病なだけあって、実績が少ないのである。

その点、この劉偉明先生は難病の施術を自他共に認めている極めて数少ない先生の一人だ。最近ではがんの方への施術が多いという。

■現代の5第医学の最高峰

劉先生はそもそも出自がすばらしい。中国に生まれ医学部を出て医学博士となり、医師として活躍。その後東洋医学に転じ、その道を究め専門の学校の教授となっている。

さらに医術を極めるため気功の学問にのめり込み、今では西洋医学・東洋医学・気功・霊感・薬草の5つを自在に使いこなしている。だから先生の理論は偏りや独断がなく、わかりやすい。この5つは、現在世界で展開されている医学のすべてと言っていい。

最も有名で当たり前とされているのが西洋医学だ。大学の医学部ではこれを教え、ほぼすべての病院がこの医学一色となっており、これがすべてと信じている人が多くいる。

2つ目が東洋医学。漢方でありお灸やツボのことだ。これも好きな人は好きで、鍼灸に通っている人も多い。最近では、西洋医学のお医者さんも漢方を処方することが珍しくない。

3つ目が気功。原理は鍼灸と一緒となっているが、患部に気のエネルギーを与え身体に悪害を及ぼしている邪気を祓う。これは一定以上の修行をした人間でないと提供できない。

４つ目の霊感は修行での取得は難しい。生まれついて持っていることが条件となる。

５つ目が薬草。民間療法であり、富山の薬売りなどはこれに分類されている。軽微な腹痛などは、センブリを飲むことなどによって癒される。これも有効な治癒の手段である。

■中国で気功の第一人者となる

中国で爆発的に気功が流行したのは１９８０年代のことである。公園で気功をしている人の映像が世界に流れた。

気功の「型」に沿い動き、呼吸をして自分の内側から発するのが内気功である。これに対し外気功は、他の人から気のパワーを受けることによって治癒される。

この時期に世界で初めての気功治療専門大学もでき、劉先生はその教授になっている。糖尿病、がん、リュウマチ等、気功で難病を次々改善していくものだから中国の新聞がずいぶん多く取材に来たという。

西洋医学にも強力な武器があり、そのひとつが抗生物質という薬。ホルモン剤もそうだ。そして手術。これらで一般的な病気には対応できる。

しかし苦手とする分野があって、その代表的なものが慢性病である。

「人間の持つ抵抗力がなくなってしまうのです。血液が停滞し抵抗力が膠着状態となり、これでは抗生物質もホルモン剤も効果がありません」と劉先生は説明する。

例えばアトピー性皮膚炎。ステロイド剤で

多少は改善しても、副作用で皮膚が黒ずんでしまい回復不能になる。皮膚が死んでしまうのである。

■偉大な「気」の力

「これに対し、気功はウイルスを殺すということは考えません。病気に負けない抵抗力や免疫力を倍増させるのです」と劉先生は訴える。

ところがこの「気」というものが人間にはよくわからない。目に見えないのである。

「水蒸気になった水のようなものです」と劉先生は説明する。

水は確実に存在し、見ることはもちろん、触ることもできる。しかし、その水が熱せられて水蒸気になると、もう目には見えない、触ることもできない。しかし、確実に存在する。

目にも見えない触ることもできない「気」だが、感じることのできる人間が稀にいる。良い気も悪い気もわかる。

劉先生は、これを東京電機大学の教授と共同で研究して論文発表もしている。

■気功でがんを治癒

最近はがん患者からの相談が多いという。

「ほとんど、がん専門、難病専門になってしまいました」と劉先生は笑いながら語る。

その直近の症例が「※次ページにある図肺がんのレントゲン」だ。左側がビフォアで点線内が病根。右側3カ月後であるが病根が驚くほど小さくなっている。こんなことは珍しいことではない。

　がんというだけで、人は震え怯えパニックになってしまう。

「ここでお伝えしておきたいことは、がんは決して怖いものではないということです。実際、私が多くのがん患者を回復させています」と先生は語る。

　例えばある既婚の女性。片方の胸を切り取るしかないと主治医に宣告された。もはや抗がん剤の限界だといわれたが、本人は切りたくない。夫にも相談できない。好きな温泉巡りに行けなくなるのは絶対に嫌だ。

　これが先生の施術で、3カ月ほどで腫瘍がほとんど消えた。

「人はがんで亡くなることはありません。気が滅入って体力が落ちてしまうからです」（劉先生）。

　気が動転して、まず食欲が落ちる。これで栄養が取れず痩せ細る。次に排泄ができなくなる。大便も小便も出ない。下剤も効かない。さらに眠れない。重症の不眠症である。

　致命的となるのが痛みだ。痛くて痛くてどうしようもない。これらを叩きつけられて、皆がまいってしまう。

「しかし、人間には抵抗力があり、免疫力があります。これを倍増させるのが『気』の力なのです」と劉先生は強調する。

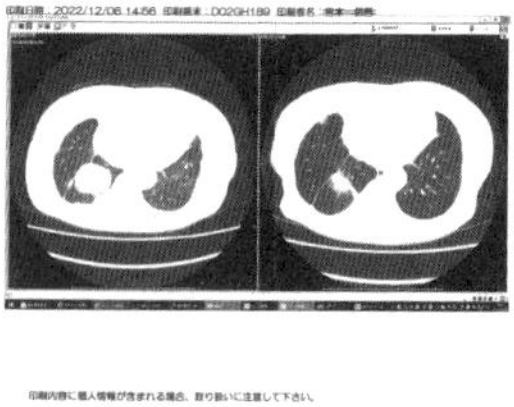

図　肺がんのレントゲン例

■中国人の男性の例

余命3カ月と宣告された男性のがん患者。中国中の名医を訪ね、最後には手術費2000万円ともいわれ受けてみたが、改善は見られなかった。

「この人を遠隔で施術し、3カ月で元の状態に戻すことができました。今では前のようにバリバリ働いていています。涙、涙で感謝されました」と劉先生は笑顔を見せる。

今度は乳がんになった高齢のご婦人の話。

1回目は手術が成功し、悪性の腫瘍を取り除くことはできた。しかし、2回目はがんが鎖骨に転移していた。この方も余命3カ月と宣告されたそうだ。

「この方には直接私が手を下したわけではなく、本人が私の指導どおりの内気功を続けることで回復しました」（劉先生）。

自分の体は自分で治すと、毎朝気功をするようになり、体調もだいぶよくなり、亡くなると宣告された3カ月後に病院に行って検査を受けると、医者から「腫瘍が小さくなっています」と告げられたという。

卵巣癌も摘出せずに完治させたことがある。

「命に別状のないがんでもパニックになると人は亡くなってしまうことがあります。人間はがんでは死なないようにできていることをまず覚えておいてください」と繰り返す。人間はパニックになれば30センチの水でも溺れ死んでしまうという。冷静な対処があれば助かる。がんと宣告されてもあわてることはない。私たちには劉先生がいる。

健康管理士／野菜ソムリエ／心理カウンセラー
野菜にはものすごいパワーがあります!!

井川博之《いかわひろゆき》先生

得意とする内容：生活習慣病（糖尿病、高血圧、脂質異常症、肥満〈メタボ〉等）
適応障害（主に職場ストレスによるメンタル不調）、カラダの内側からの美と健康維持など食生活の改善提案と心のケア

解決手法：①生活習慣病対策カウンセリング
②適応障害傾聴カウンセリング
③インナービューティーカウンセリング

解決方法：主に電話（zoom）による相談

時　　間：応相談

料　　金：講座 2000 円／2時間
各カウンセリング 5000 円／30分
（追加 10 分 500 円）

住　　所：愛知県名古屋市

電　　話：090-1620-7038

YouTube・Facebook：【井川博之】で検索

メールアドレス：goyohiro@icloud.com

〈カウンセリングは事前予約要〉

公式Line

日本人の多くは生活習慣病に悩まされている。高血圧症は4300万人、糖尿病は予備軍も入れて2000万人とさえ言われている。おびただしい数の人が医療に頼ったり、薬を服用したりしている。

これに対し、「生活習慣病はこれまでの生活習慣を改善しなければなりません」と、井川先生は訴えるのである。

井川先生は健康管理士であり、野菜ソムリエ、そして心理カウンセラーだ。野菜中心の食生活アドバイスと心のケアの両面から健康問題に寄り添う。

■アトピーを菜食で改善

井川先生自身、さほど丈夫な身体の持ち主ではなかった。7つあるという生活習慣病のうち、4つまでを患っているほどだ。脂質異常症、肥満、高血圧、糖尿病…。

若い頃はとりわけアトピーが重症であった。アトピーは小学校5年生から23歳まで続き、就職してからはぬり薬の副作用が爆発した。皮膚が腫れて痒いし痛む。しまいには皮膚が破れ浸出液が吹き出した。外に出ることもできず、引きこもり状態となってしまった。

ここですがるように助けを求めたのが大阪の故甲田光雄先生だった。断食を治療法として取り入れているお医者さんで、「奇跡が起こる半日断食」がベストセラーになった。手にしたことがある人も多いだろう。

もちろん断食はしたが、青汁による食生活の改善が目覚ましい効果を示した。5種類ほどの野菜をミキサーにかけ青汁を作って、毎朝それを咀嚼しながら食べるのである。

「野菜のパワーをこの時に知りました。体質が徐々に変わっていくことで野菜、さらには食生活が健康に与える影響について考えるようになりました」と井川先生は振り返る。

仕事のストレスもあって病気と完全に縁が切れたわけではないが、野菜の勉強は続けることとなった。

■資格を取得して独立

日本は豊かになっていく反面、人間関係は希薄となり、社会の仕組みはますます複雑化している。

西洋医学は発達し次々と新薬は開発されていくが、病人は増える一方である。特に生活習慣病と心の病が多くなった。

井川先生はこのような現代医療からこぼれてしまう人達のお役に立とうと、60歳で早期退職をして独立の準備を進めた。健康管理士の資格を取ると同時に、心理カウンセラーや野菜ソムリエの資格も取得した。いずれも正規の資格で、簡単なものではない。

病気の人は体を病んでいるが、心も病んでいるという。自分の将来のことが不安だし、家族のことも心配だ。もちろんお金も心細くなり、生活が見通せなくなる。

一方で、日本の企業で心のケアまで手を差し伸べているのは一部にすぎない。そのため、人間関係や仕事内容がストレスになって休業している人も多い。うつや適応障害に悩まされている人がどれほど多いことか。
これも井川先生自身、実際に適応障害となり病院通いをしたことがある。ここで「聴いてもらえる」ことの価値を知った。
「カウンセラーではありません。私のかかったのは西洋医学のドクターでしたが、患者の話をとてもよく聴いてくれる先生でした」（井川先生）
薬を使わない医療を方針として、患者の心に寄り添うことで井川先生の治療にあたってくれた。これで心の病から完全に解

ベジタブル&フルーツアドバイザーの資格

放されたという。

「話を聴いてくれるだけで、日ごとに心の重荷が取れていくのがわかったものです。カウンセラーはとても重要な仕事です。日本はカウンセラーの数が少なすぎます。これからはカウンセリングの時代です」と言い切る。

カウンセリングといえば「婚活カウンセリング」を看板とする人も増えているという。婚活アプリで結婚する人が多いと話題になっているが、紹介されただけで先に進むことができない人も多い。

それはその人にぴったりの人がいないということではなく、その人自身の在り方に問題があって、お付き合いや結婚までに至らないのである。

「そこを相談者に寄り添い伴走し、ゴールま

で導くのか婚活カウンセラーです。これからの日本には、さまざまな分野のカウンセラーが必要になるでしょう」と、井川先生は予想する。

■食生活のバランス

生活習慣病や適応障害も同じである。

やり方を教えるだけではなく、相談者に寄り添って、相談者に適切なアドバイスがなければならない。体調の管理には睡眠や運動も大事だが、体は食べたもので出来上がっている。とりわけ野菜には素晴らしいパワーが宿っている。誰にでも訪れる更年期障害にも、野菜と果物で予防することができる。

しかし、井川先生は盲信的な野菜至上主義者ではない。ベジタリアンやヴィーガン（ビーガン）とは確実に一線を画している。

例えば「老齢になったら肉を食べなさい」と推奨するドクターもいるが、それも一理あるとしている。

「私は健康管理士です。同時に野菜ソムリエであり、心理カウンセラーです。年代や体質によって必要な食生活の提案をします」（井川先生）。ここに井川先生の価値がある。

■活動の本格化と事例

先生が活動を本格化させたのは２０２２年からのことである。会場を借りてセミナー形式で定期的に講座を開いている。

その中の顕著な成功例を紹介したい。

三重県から参加した藤川直紀さん（50代）。

藤川さんは年齢とともに体重が増加して、血圧も正常値を超えるようになった。とはいえ、医者にかかるほどではないし、薬には抵抗がある。

そんな時、井川先生の情報を見つけて、名古屋まで足を運んできたのであった。その時の井川先生は、健康増進と維持のために果物と野菜の上手な摂り方を教えた。

藤川さんは直感的にりんごがあっているようだと感じ、毎日りんごを1個ずつ食べることにしたという。

それから2カ月後、先生のもとに感謝のハガキが届いた。2kgの減量に成功し、血圧も正常な値で安定するようになった。手足の痙攣もなくなったという。

■野菜をもっと食べましょう

男の人は、出されたものをそのまま食べるのが当たり前と思い、無関心の人が多い。ましてや独身男性は、朝は喫茶店でモーニング、昼は丼物、夜は飲み屋かコンビニ弁当で済ませてしまう。若いうちはいいが、年齢を重ねていくとだんだん体に影響が出てくる。無理がきかなくなる。

大人だけではない。野菜不足は子どもの発育にも悪い影響を与える。親は食育を考えなければならない時代になった。

「現代人は野菜不足です。一緒に食生活を見直しましょう。私達の体は食べたものでできあがっているのです。野菜にはパワーがあります。薬のように副作用もありません。食べるものを考えてください」と井川先生は呼びかける。

井川先生は2023年も定期的に講座を開いている。例えば2023年1月と2月は名古屋市教育委員会主催の「なごやか市民教室」で3回の講座を開催した。そして健康不安を抱えた方には、個々にカウンセリングを提供している。

井川先生は食生活と心のケア両面からアプローチできる稀有な存在だ。医者や薬に頼る前に井川先生に相談してみよう。

熱く講義する先生

～井川先生の創作野菜料理～

1【ししとうのチーズとろりん】
ししとうは抗酸化作用があるビタミンCと免疫力を高めるβ-カロテンが注目の野菜。
ししとうの調理は甘辛く炒めるのが定番だが、少し発想を変えてとろけるチーズをかけてみた。

2【ブロッコリーと人参の粒マスタードサラダ】
ブロッコリーと人参は緑黄色野菜に含まれる。
これは独身で1人暮らしの20代・30代の男性を想定して、野菜不足を補うためのカンタン料理としてFacebookで提案。

③【ブロッコリーの粒ピーナッツバターサラダ】
この料理の特徴はブロッコリーと粒ピーナッツバターというミスマッチがねらいである。
粒ピーナッツバターは無糖を使い、白砂糖ではなくアガベシロップで甘味をつけた。
食感と味が静岡県の名物『安倍川餅』に似ていたので、おもわず笑ってしまった。

④【キウイドレッシング】
毎日生野菜サラダを食べるが、冷蔵庫の野菜室を開けると熟しきったキウイを発見。
キウイはビタミンCが豊富なので、美肌効果や風邪予防が期待できる果物である。
オリーブオイルと酢を使ってオシャレに仕上げた。糖度が高い『ゴールドキウイ』を使った。

⑤【カボチャサラダ】
カボチャは抗酸化作用に優れたβ-カロテンだけではなく、血行改善に期待が持てるビタミンEも含まれている。カボチャをつぶしてクリームチーズと干しぶどうを加えて、ラストはパセリを散りばめた。

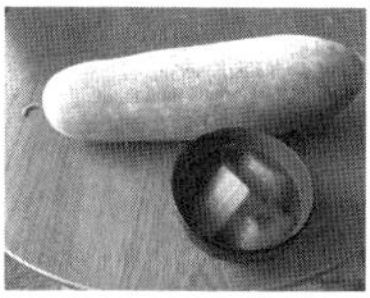

⑥【とうがん汁】
おもしろい野菜がある。
冬の瓜(うり)と書いて冬瓜(とうがん)と読む。
冬瓜は読んで字の如く冬の野菜と思っている人も多いが、夏が旬で収穫をしてカットをしなければ冬まで保存ができる。つまり貯蔵性が高いのである。
主婦の方々はとうがん汁の場合、鳥もも肉や椎茸を入れるかもしれないが私は、とうがんのみの食感を楽しみたかった。

⑦【夏野菜の寒天寄せ】
野菜ソムリエの資格を取得するには、教室に通いさまざまなカリキュラムを学んだあと筆記試験がある。もちろん合格しないと資格は許されないわけだが、その前に課題が与えられ、野菜を使った料理をレシピ化しなければならない。
確か8品だったと記憶するが、あの当時40品目作った中から8品目を選んだ。【夏野菜の寒天寄せ】はそのうちの1品だった。

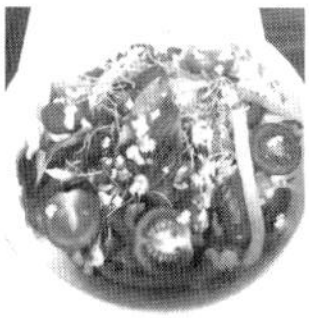

⑧【カラフルサラダ】
毎日、健康維持のために生野菜サラダを食べているが、基本的に7種類から10種類入れている。
この日はサニーレタス、バジル、キャベツ、パプリカ(赤・黄)、ミニトマト、ブロッコリースプラウト、豆腐チーズを選んだ。

YouTubeに800本もの事例動画をアップ
人間の生命力を復活させる「神の手」

天啓《てんけい》気《き》療院《りょういん》

北沢《きたざわ》勇人《はやと》先生

得意とする願望実現の内容： 難病治癒、運気向上、能力開発、受験合格、商売繁盛、業績拡大

施術手法： 天啓気療

施術方法： 対面、遠隔

時　　間： 午前10時～正午／午後1時30分～6時30分頃迄
（火曜日定休）

料　　金： 20000円／30分

住　　所： 東京都大田区大森西3丁目32−17フラットフォーレスト1208
福島県南相馬市原町区深野字宮平117−1

電　　話： 03−6423−0047（東京）
0244−22−6823（福島）

ホームページ： https://tenkeikiryoin.com/

メールアドレス： お問い合わせは電話またはサイトから
tenkei@tenkeikiryoin.jp

「絶大な」とか「ものすごい」とか「とんでもない」など普通の言葉では形容しきれないほどのパワーを持つ先生だ。一体どのように紹介すればいいのか迷ってしまうほどなのである。

ひどい頭痛から解放されたり、心の病が癒されるのはもちろん、車椅子で来た人が歩いて帰ったり、腫瘍の影が消えたり、激しい発作から救われたりする人が絶えない。なかには、電話の声を聞いただけで楽になった、予約したとたんに苦痛がなくなった、つきそいの人までも快癒した…。こんな疑いたくなるような声まである。

呼吸法と瞑想を長年続けチャクラが覚醒しクンダリニーが上昇し天啓により授かった能力の持ち主だ。先生の送るエネルギーには力がありすぎ、施術時間は30分以内に抑えている。しかも1週間ほどは間隔を空けるようにしてもらっている。こうでもしなければ好転反応が強すぎて怖がる人がいるからだ。

それでも北沢先生のありがたさは、数週間先であれば、問題なく予約が取れることだ。「他の治療家より料金がちょっと安すぎるからみんな信用してくれないのかなあ」と笑う。いやむしろ高い方ですよと答えるのだが「数十万円数百万を平気で取る治療家もいるからねえ」と答える。どうやら、能力が著しく不足しているのに世界トップクラスの超能力者と名乗り多くの方を惑わしている者がいることを気にしているようだ。

先生自身は、いたって普通の笑顔の絶えない治療家で、福島と東京に天啓気療院の治療所を持ち行き来している。

■コロナ禍で遠隔療法が急増

以前は市ヶ谷に気療院を持っていたが、今は大森に移っている。市ヶ谷も気の流れの良い所だと思うが、今回の大森もとても気の流れがいいという。

マンションの12階にあり、海側には羽田空港の飛行機の離着陸が見える。夜になると京浜工業地帯の夜景が綺麗に違いない。

以前取材したことがあり、今回訪問したのは数年ぶりになったことから、変わったことはありませんかと聞くと「時節柄、遠隔が多くなったかなぁ〜」と答える。

早くから遠隔療法を提供していたが、コロナになっていきなり増えたそうだ。施術の効果は、遠隔でも対面でもまったく変わらない。

「これじゃあ、わざわざ東京に出てくる必要がねーなー」と福島訛りで笑う。

なんで遠隔で効くんでしょうかと聞くと「わがんねーなー」とやっぱり笑う。

スピリチュアルな先生の中には、理詰めで考え、理論的に相談者を納得させるタイプと、とにかく施術をして改善させてしまうタイプがあるが、北沢先生の場合は極端に後者だ。

自分のことを「気功師」と呼ぶこともあるが、これは説明しやすいから便宜的に使っているだけらしい。

北沢先生の施術法は、手をかざすヒーリングであり、日本では手のひら療法や手かざし療法などの分類に入るだろう。

天啓気療院という名前も「天から授かったもの」ということで付けたようだ。

自身の事業の成功・開運・自己実現のために瞑想と呼吸法の訓練を重ねるうちに、突然この能力が身に付いた。元々持っていたものが開いたのかもしれないし、天から降ろされたものなのかもしれない。

「本来の人間が持つ生命力に働きかけ、元の状態に戻しているんじゃないのかなあ」と先生がつぶやくように漏らしたことがある。

人は神から命を与えられた時は「完全」であり「理想の生命体」として天から下る。しかし母親の胎内にいる間の毒や母胎のストレス、出産の苦しみ、さらには生まれてからの人生の苦労などにさらされ、肉体や心が蝕まれてしまうのである。

これで皆が病気になってしまう。

北沢先生は、神から授かった「理想の生命体」に戻す力を持っているようである。

最近は息子さんの吉輝さんが施術のお手伝いをしているという。地方では有名な国立大学出身である。工学部を出ているというから、

ご子息の吉輝氏

これは理屈っぽいのかなと思って、北沢先生の力がどのように人に働きかけるのでしょうかと聞いてみた。

「いやあ、僕もわからないですね。体の具合が良くなればそれでいいんじゃないですか」と答える。

　よく似ている親子だ。

■YouTubeで動画を公開

　先生のパワーを証明するものとして、７００本以上の動画があって、それをＹｏｕＴｕｂｅに公開している。いくつか記者も見たが、これにもびっくりした。

「長年子宮腺筋症の痛みに悩む方に本格的な気功の師にも優る天啓気療を実施している様子」「悪性腫瘍で卵巣、子宮を全摘後に腸閉塞と腫瘍マーカーが上昇した方に天啓気療の遠隔を実施」「脊柱管狭窄症《せきちゅうかんきょうさくしょう》で下半身に激痛がある方に本物の気功師に優る天啓気療の遠隔を実施」……等々いくつもの事例が並んでいる。

　30分の施術だから、動画も30分ほどである。その30分の中で相談者の容態が、みるみる変わっていくのがわかる。

「体が熱くなってきました」「痛みがなくなりました」「楽になりました」というように、実際に相談者が口にしている。本当に体の不具合が元に戻っていくのである。もちろん、相談者の了解を得てこれらをアップしている。

　なかにはただひたすら先生の手だけが写っている動画もある。これはと思ったのが12万回再生で動画のタイトルが『最初から最後まで何も喋らず黙ってひたすら本物の気功師に優る北沢勇人が天啓気療の遠隔を実施』と『眠りたいけど眠れない．不眠症や入眠障害などに悩む方の改善を願いながら送る天啓気療の遠隔ヒーリング』である。

これは、不特定多数の人を対象に気を視聴者に送っている動画だ。

「今ではこのＹｏｕＴｕｂｅを見て相談してくる人が多くなりました。お金は入らないけどおかげで私もユーチューバーになってしまいました」と笑う。

■記者の体験

取材の最後に、施術の体験を受けた。

先生の施術は、頭部などに手をかざすだけである。手が伸びたとたん、おなかがピクリと動いた。ピクリピクリとしばらく続く、これが先生のパワーだ。やがて体内の細胞がふつふつと波打つように感じる。これが人間の生命力を回復させる力なのだろうと思った。

確かに北沢先生のパワーは理屈ではない。形容のしようがない。ここはやはり動画を見るのが最も手っ取り早いかもしれない。

ＹｏｕＴｕｂｅで「天啓気療院か北沢勇人」と検索すると膨大な動画がヒットしてくるから、ぜひご覧いただきたい。

動画から発せられる先生のパワーを体で感じることができるだろう。

人間業を超えた霊能力者と
若手トップクラスの占い師
傑出した親子が営む六本木のサロン

人生美学サロン　Minty

eco《エコ》先生　minty《ミンティ》先生

得意とする内容：恋愛占い・アドバイス、開運・心身不調のエネルギー調整、故人の霊視・透視（口寄せ・イタコ）、意識のない方との対話（遺言など）、新居・土地・建物のエネルギー鑑定、企業の採用・人事・配属

解決手法：占い鑑定、透視・霊視、メディテーション、エネルギーウォール、開運講座、各種講座、エネルギー風水

解決方法：対面、遠隔、電話、ZOOM、講座

時　　間：13：00～完全予約制（要相談）

料　　金：鑑定　15000円／60分（eco先生）、エネルギーウォール60000円／60分（eco先生）、鑑定6000円／30分・12000円／60分（minty先生）

住　　所：〒106-0032 東京都港区六本木7-17-20

● eco先生の予約はこちらから

電　　話：080-4409-8295

ホームページ：http://miuraeiko.com（eco先生）

メールアドレス：essit369@gmail.com（eco先生）

● Minty先生の予約はこちらから

ホームページ：https://minty39.com/（minty先生）

Instagram：https://www.instagram.com/minty1212yolo/

母と娘が六本木で営んでいる人気サロンである。二人揃って途方もないほどの実力を持っているので紹介したい。まずは母親のｅｃｏ先生から。

■霊界からのエネルギーを人間に注入

普通の人であれば神社仏閣にお願いをするところだが、この先生は神社仏閣からお願いされる立場である。神社仏閣に限らず、亡くなった人や霊からも、いろいろなお願いをされ、それを叶えている。

例えば参拝者が詰めかけて汚れのついてしまった神社から浄化を依頼される。これで神社が本来のパワーを復活させることができる。

戦で亡くなった武将や平民の鎮魂を依頼されることもある。古い戦場の浄化もあるという。

そのお礼として先生は神様や霊界から人間業ではないエネルギーが与えられ、そのエネルギーを相談に来た人に必要に応じて分け与えるのである。

ｅｃｏ先生にとってこれは当たり前で「人間でなければできないこともあるんですよ」と平気で語る。

先生はこのサービスを「エネルギーウォール」と呼んでいる。ウォールとは壁のことで、壁の内側を聖なるエネルギーで充満させる、そして外からの邪気を壁で防ぐ。

相談者はエネルギーが充満され、不具合が

解消され、ポジティブに明るく強く生きていくことができるようになる。

ｅｃｏ先生は、江戸時代から続く遊郭や処刑場の近くで育ったものだから、亡くなった花魁や処刑された人の首が飛んでくるのをよく見ていたという。みんなも見ているのだろうと思っていたら、自分だけの能力とわかり、次第にその能力を人助けのために使うようになった。

60代ながら、すでにこの道30年のベテランである。

亡くなった先祖や父母の思いを伝え、対話することもできる。古典的なイタコの技術だ。

意識不明になってしまった人の生命維持装置を外してくれと本人から頼まれることもあり、本当に色々な立場の人から頼りにされているのである。時には遺言を代弁することもある。

平将門の胴塚を浄化し、お友達になった。首塚は東京大手町にあることで有名だが、胴塚が茨城県にあって、ずいぶん荒れて寂れていた。そこで平将門が先生の前に現れて浄化して欲しいと頼むのである。先生が訪れ、浄化したところ、胴塚は数年でパワースポットとして有名になった。

占い師としての能力も卓越している。「外れることがありません」と、これも当たり前のように口にする。

意中の人の写真を持参すると、どのように振る舞えば好かれるかをアドバイスする。

採用や最適配置に悩んでいる経営者にも、効果的な人事案を提案していく。

このように書くと人間界からかけ離れた妖怪変化のような人に感じるかもしれないが、まったく普通の、人の良い女性である。

困った人を放っておけない親切な性格なのである。何事によらず困ったことがあったら相談してみよう。

■10年で5万人の鑑定実績

ｅｃｏ先生と同じサロンで占いと関連する講座を提供しているのがｍｉｎｔｙ先生だ。

安らげるセッションルーム

血筋なのか、占いがものすごくよく当たると評判の先生である。

全国規模の大規模な占いの館で、半年でナンバーワンに上り詰め、独立した。「ポジティブ占い師Ｍｉｎｔｙ」として活躍。若いながら、この道に入って10年になり、鑑定数は５万人以上に及ぶ。

「特に恋愛占いに自信があります。うまくいっていない原因を探りだしその根底にあるものを分析していきます。そして、確実にゴールインできる適切なアドバイスをいたします」と先生は微笑む。

占いというよりもカウンセリングに近いかもしれない。人生の取り扱い説明や男性の取り扱い説明の指南もする。これがｍｉｎｔｙ先生独自の手法である。

六本木という場所柄、芸能人からの相談も多い。「毎日のようにテレビに出ている人か

Minty先生の人気の講座テキスト

らの相談もあります」（Ｍｉｎｔｙ先生）。
Instagramでも興味深い記事を投稿しているが、相談者の７割が口コミだというから、先生の実力をうかがい知ることができる。

占いに加えて、講座も開いている。タロットとカバラ数秘術の「Ｍｉｎｔｙオリジナルカバラ数秘術講座」「人気占い師になるための基礎講座」だ。それぞれ、オリジナルのテキストで学び、若い女性から年配まで人気の講座である。最後にＭｉｎｔｙ先生よりメッセージをいただいた。

「前向きに明るく生きていきましょう。心の持ち方を変えれば必ず願いは実現します。私がそのアドバイスをします」

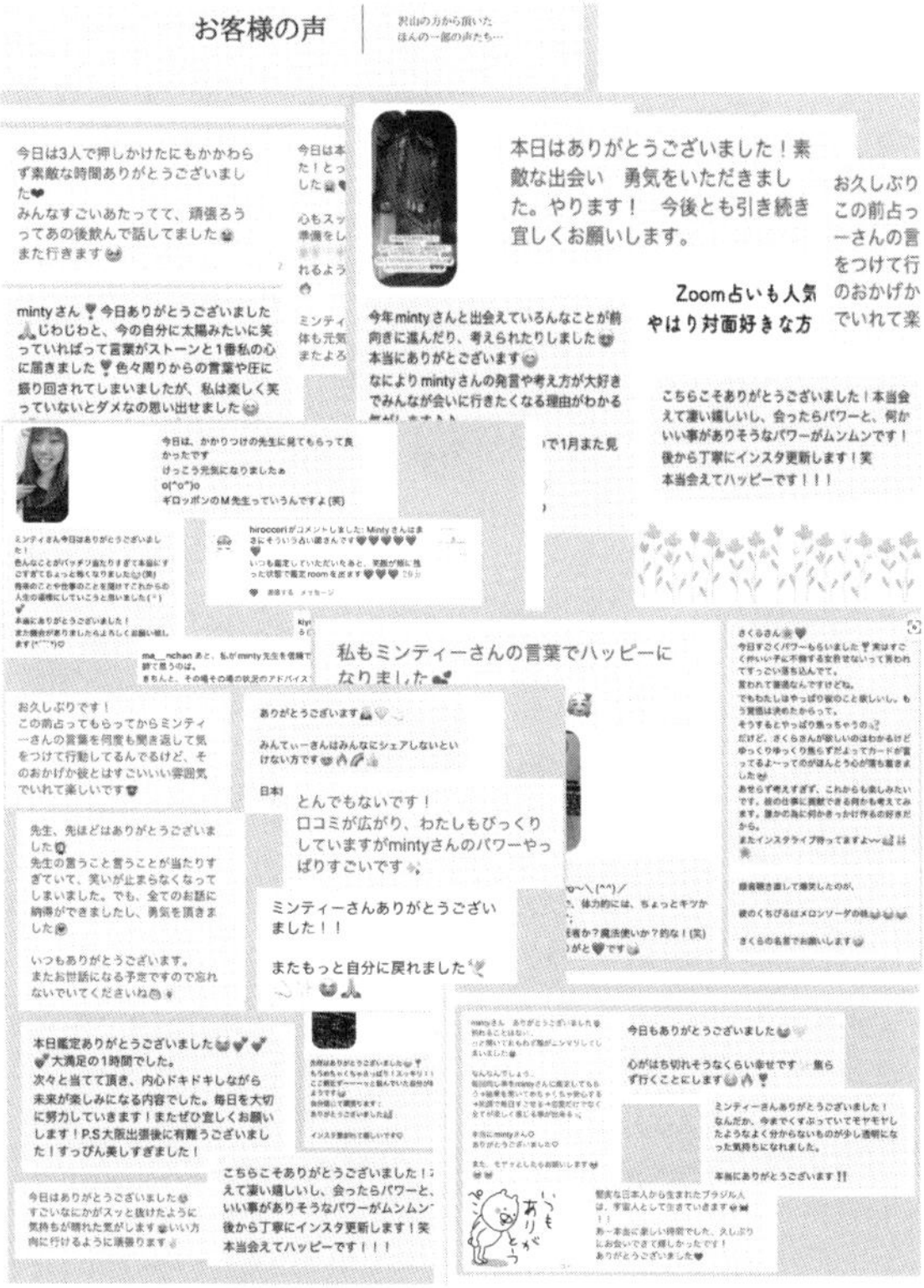

次々に寄せられる感謝のメッセージ

日本ヒーリングアート協会認定講師
レイキ及び古神道神傳ヒーリングティーチャー

森《もり》野《の》羽《は》菜《な》先生

得意とする内容：ヒーリング（自分でできるヒーリングメソッドを伝授）内観ヒーリングメソッド
解決手法：ヒーリングアート（マイ羽根アート、ヒーリング曼荼羅アート、ヒーリングアートセラピー、ペガ・ユニ）レイキヒーリング（施術&伝授）・カウンセリング
解決方法：対面、オンライン
時　　間：応相談
料　　金：ヒーリングアート体験会　4500円（キャンペーン期間中は3000円）、講座70000円～（レベルによって異なる）
住　　所：神奈川県
電　　話：090−5315−8652
ブ ロ グ：https://ameblo.jp/hanahanamoonhibiki
フェイスブック：https://www.facebook.com/hanahana1020　森野 羽菜｜Facebookで検索!
メールアドレス：hikarinamikaze@yahoo.co.jp

■ヒーリング曼荼羅アートでつながる愛

吸い込まれるような癒しの絵。それが森野先生の描くヒーリングアートだ。先生によると、ヒーリングアートは初心者でも絵心がなくても、先生のガイドを受けながら、優しく温かみのある絵を描けるようになるという。体験会には5歳の子も参加したことがあり、見事な作品を描いたそうだ。

このヒーリングアート講座は、神奈川県の大磯町にあるカフェ＆薬膳カレーのお店「どりっぷ・はぴねす」で対面またはオンラインで開かれており、セッションには先生によるアートリーディングも含まれる。

もともと先生は著名なヒーラーとして活躍

していた。しかし、その力の強さから周囲のエネルギーに巻き込まれて疲れ果ててしまう。そんな時にヒーリング曼荼羅アートに出会った。

「描き始めると、どんどんインナーチャイルドが癒されていくのがわかり、自分を内観できるようになりました。そして曼荼羅さんからもメッセージをもらえるようになりました」

「これは誰もが経験できること。皆さんにもヒーリングアートを描くことで、自分で癒しが紡げるようになってほしいですね」

実際に講座参加者の声を聞くと「自分の真ん中にあるものを捉えることができた」など、楽しさのなかにもヒーリングの力を実感していることがわかる。

もうひとつ転機になったのが、沖縄の神様から「古事記と日本書紀を書き換えるように」という言葉をもらったことだ。これらの歴史書には、現代にも見られる、国を盗む、戦い、殺人など平和を乱す内容が書かれている。

「ここから過去も現在も神様も人々もすべてつながっていることを理解しました。〝私はあなた、あなたは私〟。私が変わることで世界が変わります。そうすれば歴史書も書き換えられることに気づいたのです」

自分が変わるために、ヒーリングアートはとても有用なツールとなる。

『マイ羽根アート』では守護され、愛されていることを知ることができ、『ヒーリング曼荼羅アート』では自分の軸を作ることができる。

自分の変化が周囲に広がれば世界が平和になる。つまり、世の中を良くするには自分が変わればいい。「世界中が幸せになることが私の大きな願いです」

なお、先生の素晴らしい作品は、アートからのメッセージとともにブログに掲載されているので、ぜひ一度目にしてほしい。

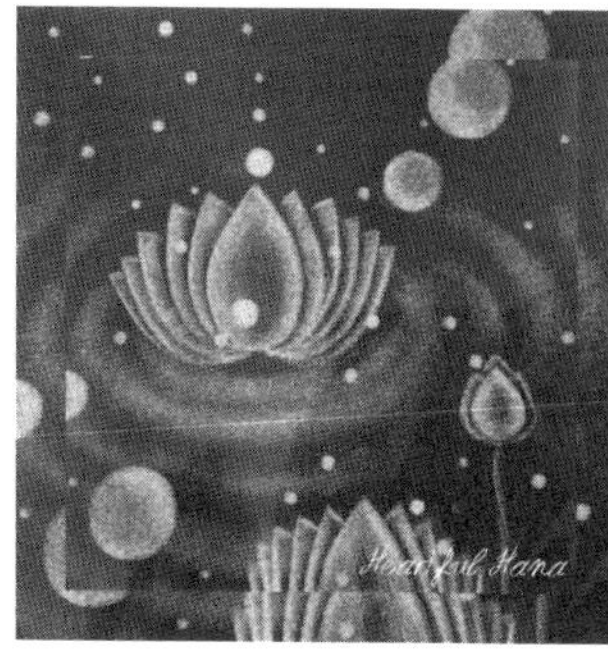

―― ヒーリング曼荼羅アート作品 ――

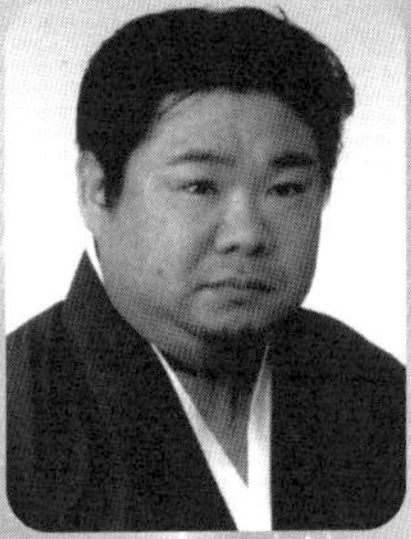

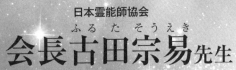

幼少の頃から不思議な力を持ち、霊能師を生業とする以前から相談者が後を絶えなかったという古田宗易先生。現在も多くの悩みを抱えるという人々から壮大な支持を得ている。特に複雑な悩みを抱える人なら、その力をより強くハッキリと感じられるだろう。

■「愛の伝道師」「奇跡の霊能者」と慕われ

明るく優しい口調ながら、その霊視能力は鋭く〝この先どうすべきなのか〟をハッキリと示すのである。また、恋愛・結婚では愛を導く天使のスピリチュアル・カウンセラーといわれ、片思いや出会い、復活愛など多くの相談者が厚い信頼を寄せている。

恋愛の悩みの中でも根深い不倫だが、先生は決して相談者を叱責したり諭すようなことはしない。どちらか一方だけが幸せになるのではなく、当事者すべてが幸せになるように能力を駆使してしっかりと導いていく。そんな先生を〝愛の伝道師〟と呼び慕う人も多く「anan」「女性セブン」「女性自身」「週刊女性」などの女性誌にも信頼できるカリスマ鑑定師として何度も紹介されている。

霊能力者として高い能力を持つ先生は、重い霊障に苦しみ続けた人や深刻な病気を抱えている人達の間で〝奇跡の霊能者〟と呼ばれ、予約待ちの人も多く、風水や墓相にも精通しており、商売をしている人や企業を望む人たちにも的確なアドバイスを行っている。「先生のお陰で信じられないような願いが叶いました。先生は霊能者であるばかりでなく運命を開き望みを叶える神秘の開運師」という声も。いつしか先生を知る人達の間に、〝生きる福の神様〟と呼ばれる日本霊能師協会のカリスマ鑑定師である。

■つらい恋愛に傷ついた人の心を癒す

「誰も最初から、好きでつらい愛を選んだわけではありません。つらくなるとわかっていたけれど好きにならずにはいられなかった、というのが本音だと思います。私はそんな人達の不安な気持ちや寂しく切ない心、どうしようもないやるせなさを少しでも癒すことが大切だと考えています。〝心の中の声なき声〟を聞いてやさしく声をかけ、いたわり癒すこともスピリチュアル・カウンセリングではないでしょうか。そして、やさしさも幸せも愛も分け与えることで量が増え、心を豊かにできることを学ばせてあげるのも大切です」と古田先生は語る。しかし自分自身の愛を大きく成長させるのは喜びや楽しさばかりではない。苦しみや痛み、悲しみを体験することから魂の器が広がり大きくなることで次の愛を学ぶことができるようになるという。

■『愛』することの大切さ

「愛」を学ぶことが運命に愛され幸せになる一番の近道です。『愛する』とは、大切にすることです。自分を大切にすることは、愛を大きくする第一歩です。人を深く愛するために、まず自分を愛することの大切さに気づけば道は開かれます。自分を愛する大切さを知らなければ大きな愛も小さな愛も学べません。大きな愛とは、自分自身を大切に愛するように総べて隣人を大切に愛することです。愛の神様は、「自分自身を愛するような隣人を愛しなさい」と教えています。小さな愛とは、人を深く愛するために、まず自分を深く愛し大切にする光を心に宿すことです。天使の羽を心に宿せば光を心に宿します。自分を深く愛し大切にする光を心に宿すことは、自分自身の愛や運命をさらに美しく豊かにしてくれます。『自分自身が今持っているありのままの自分が十分に、そのままですてきだと気づく自己尊重の気持ちを深く愛し大切にすることなのです』と先生は説く。

自分だけに向けて出している愛をまわりの人達に向けるだけで、自分の愛を大きくする大切さスピリチュアル・ネットワークを学ぶことができる。「心に愛の光を宿すことが人生を豊かにする宝です。その愛の心は錆びることも、盗まれることもありません。あなたの愛があるところに、あなたの喜びも希望も、そして、幸せもすべてそろっています。愛を信じ、人の良心を信じ、自分の可能性を信じ、自分の気持ちを信じ、自分の生き方を信じ、自分の道を信じることが大切です。あなたの心につける薬はたくさんありますよ。まずは自分自身の良いところを元に戻すことから始めましょう。人生の名場面はこれからですよ」悩める人達をやさしく手助けすることを常に心がけ開運、恋愛成就などさまざまな幸福をもたらす古田先生。24時間対応、年中無休。悩める人達を救う福の神様は、いつもあなたのそばにいるのだ。

1人ビジネスで収入を稼ぐ仕組みを
手に入れて生き抜こう！

三楽舎プロダクション

小《こ》林《ばやし》敏《とし》之《ゆき》先生

得意とする相談内容：本を活用した起業・副業、オンラインでの1人ビジネスで収入を稼ぐための方法、本とオンラインを組み合わせたビジネスの仕組み

解決方法：オンライン動画、オンラインコーチング

料　　金：無料または100円～

住　　所：〒170-0005　東京都豊島区南大塚3-53-2　大塚タウンビル3階

電　　話：03-5957-7783　FAX 03-5957-7784

メールアドレス：tk@sanrakusha.jp

動画URL：https://www.sanrakusha.jp/22-1

■起業、副業をアドバイス

他のページでは心、体、人間関係の悩みなどのアドバイスをくださる先生方がいらっしゃいますので、私はお金の悩み、起業や副業についてのアドバイスができればと思います。私自身の自己紹介をかいつまんでしますと経営コンサルティング会社に勤め、新規事業担当として小さな事業は生み出してはいたのですが上司との折り合いが悪く、39歳の時に会社をリストラされました。この全くゼロの状態からどうやったら食べていかれるようになるかを当時リサーチして『1人ビジネスらくらく起業法』という本にしました。そして小さく起業してから20年以上経っています。さほど大きな会社ではありませんが、同年齢の人たちが定年退職をする中で誰からも命令も受けずに働けることは個人的にはまあまあ満足しています。

■100年時代を生きるために

さて、今は大変な時代になりました。まず、定年後の人生が大幅に延長しました。人生100年時代と言われ、100年は生きないとしても昔だったら定年退職したら退職金で海外旅行に出かけて10数年もしたら寿命が尽きてしまったのでそうした人生設計だったのです。しかし今はこの人生プランは通用しません。たとえ何歳になっても自分なりに収入を稼ぐ手段を持っていないと少ない年金では老後破産を迎える不安が残ります。これだけでも大変なのにさらにコロナウイルス、物価高、金利の上昇、増税などマイナスの要素ばかり増えてきていて、ますます自立した収入源を持たないと生きていけない時代に変わったといえるでしょう。これまでまったく起業など考えなかった人にとってはどうしたらいいのかわからないのも無理はないと思います。フランチャイズなどに入ると高額な資金が必要とされますので狙うのでしたら今だったらオンラインビジネスが最も少ない投資で始められるのではないかと思います。とはいってもネットの中にはたくさんの情報があってどれを信じていいのかわからないのではないでしょうか？　しかも、ノウハウの中には一時期流行したクラブハウスのように、その時だけは儲かるがすぐに使えなくなるものもあります。すぐに使えなくなるのでは意味がありません。

■ダイレクトレスポンスマーケティング

多くの情報の中から私がおすすめするのは20年以上継続して使えている〝ダイレクトレスポンスマーケティング（DRM）〟のノウハウです。これは私が起業した当時から20年以上経った今でも使われているもので多少の変化はしていますが基本的にはやり方は全く変わっていません。間違いなくこのノウハウを習得することはあなたの今後長い人生の武器になっていくと思います。そうはいっても、ダイレクトレスポンスマーケティングなんて難しそうという方もいらっしゃると思います。でもまったく難しくはありません。例えば健康食品の青汁や化粧品の通販では、最初に無料や安い価格のお試しセットというものがありますがこれもダイレクトレスポンスマーケティングの原理です。最初にお試しをしてもらって相手にメリットを与えてその後に商品を買ってもらうやり方です。通販などでしたらここでリストと呼んだりしますがメールアドレスや個人情報などをもらいます。通販会社はあなたからもらったリストに対して何度でもアプローチをかけることができます。ほとんどのネットマーケティングの根本的なやり方になっています。そうではなくていきなり商品を買ってもらおうとすると、どうしても押し付けるようなセールスになってしまいお客さんから嫌われますし、肝心な連絡先（リスト）などが入手できなくなってしまい1回のセールスで失敗したらもうそれで終わりになってしまうのです。ですから起業はリスクのない一番投資額の小さいオンラインビジネスでダイレクトレスポンスマーケティングを使ったやり方がおすすめです。今回は皆さんの起業に少しでもヒントになればと思い、一番基礎の部分を説明しました。また、ここでは紹介しきれなかったより詳しい裏技やノウハウや高度な戦略なども無料動画としてプレゼントさせていただいています。さらに詳しくお知りになりたい方は項目にありますQRコードまたはURLにて無料動画をご覧ください。

占い館 雪月花《せつげつか》

極《きわみ》タロット占い師 雪村剛史《ゆきむらつよし》先生

得意とする内容：仕事・経営・ビジネス、恋愛・結婚、夫婦・子宝・育児、人間関係
占術手法：極タロット
占術方法：オンライン鑑定（Zoom・LINE）、対面鑑定（愛知県名古屋市、春日井市犬山市、小牧市）、電話鑑定
時　　間：応相談
料　　金：オンライン・電話鑑定　17000円／60分、対面鑑定　20000円／90分（交通費別）、オンラインタロット講座　22000円／回（全４回、１回から受講可、１回60分）
ホームページ：https://setsugetsuka-uranai.com
メールアドレス：info@setsugetsuka-uranai.com
（依頼はメールアドレスから）

精度抜群の「極タロット」で相談者を幸せと成功に導く

圧倒的な精度の高さを誇る「極タロット」を駆使し、リピーターも多い雪村先生。相談者に寄り添う温かい人柄も魅力だ。「一人でも多くの人に幸せになってもらいたい、頑張っている人が報われてほしいという想いで鑑定をしています」と話す。

ほとんどの占い師は姓名判断や風水など様々な種類の占術を修得するが、先生はタロットに専念して技術を磨いてきた。結果、独自の「極タロット」に行きつく。鑑定ではタロットと生来のスピリチュアルな感性により相談者の無意識下にある問題の根本を探り出し、誰も考えつかない、驚くほど具体的な解決策を導き出す。さらにそこにはヒーリング作用も込められている。相談に来た会社経営者が起業1年目で年商1億5千万円を達成するなど、その手腕は折り紙つきである。

先生が相談者や本著の読者に一番伝えたいのは、**「強い意志の力さえあれば、願望は必ず実現する」**ことだという。「多くの人が自信のなさや未来への不安に苦しんでいますが、極論それは根拠のないこと。一方自信を持つにも実は根拠は必要ない。ならば〝根拠なき不安より根拠なき自信〟のほうが良い。根拠はないけど〝できる〟と思っていれば幸せを引き寄せて願望が実現していくのです」

ただ、ネガティブな思考からポジティブへの切り替えは難しい。そんなときに、先生の鑑定は、本当は心の底では何をしたいのか、何をすれば願いに近づけるのかを明確に教えてくれる。その人の意志の力を強めて幸せ、成功へと導いてくれるのだ。

「実は私にも強い意志を持つようになったきっかけがありました」と先生は告白する。それは〝みーくん〟という愛猫が病気になったことだった。今日明日で別れを覚悟と言われたとき、家族が皆仕事を休み交代で付き添った。〝みーくん〟は1か月頑張り、最後はゆっくりだが歩き元気だった頃のようにエサを食べる姿も見せてくれた。当時仕事などで悩みを抱えていた先生は、その姿から素晴らしい意志の力を感じエネルギーをもらったという。その後自身が抱える問題を次々に打破したり占い師として成功したりなど、〝みーくん〟から教わった意志の力で成功をつかんでいく。

多方面から注目される人気の先生だが、説得力のある言葉の端々に謙虚さと優しさが滲む。「苦しいことより自分が恵まれていることに気づき、感謝することが大切ですね」

エリシア☆ヒーリングルーム

エリシア☆先生

得意とする内容：女性の仕事や生き方の問題すべて、人生、人間関係、恋愛・結婚・離婚、家庭・子育て、開運、ビジネス、体調不良、不妊など
解決手法：西洋占星術、西洋手相術、タロット、レイキ、心理カウンセリング、プラニックヒーリング、マントラヒーリング、霊障
解決方法：対面、電話、メール、出張イベント（企業、展示会）
時　間：11：00～20：00、金・土曜日 11：00～16：00、日曜日 11：00～13：00　不定休
料　金：総合鑑定コース　3000円／30分、5000円／1時間、浄化・除霊コース　20000円～
住　所：JR・京王線橋本駅より徒歩約3分
電　話：090-6124-4661（予約はサイトからも可）
ホームページ：https://ameblo.jp/astrology-reiki-erisia/entry-12068559661.html
メールアドレス：先生でご記入をよろしくお願いいたします。

■女性の総合的な味方

身近にいる女性が仕事や人間関係で多くの悩みを抱えていることを知り、女性のために役立つ人間になろうと志し、大学は法学部に進んだ。就職してからは、労働組合で女性専用の相談担当になった。

「そこでセクハラなど女性ならではの問題の解決にあたっていました」（エリシア先生）。

しかし、やがて先生は女性特有の問題は、法律だけでは解決できないことを痛感する。法律的に解決しても、心の痛みは消えることなく、退社する女性が多いのだ。

そこで取り組んだのが占いと心理カウンセリングの勉強だった。天分にも恵まれ、こちらの能力もずいぶんと磨かれた。

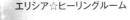

会社ではキャリアを積んできたが、上からと下からの軋轢が耐えられなくなり、占い師として独立。以来多方面な能力を駆使して、20年間女性のための問題解決にあたってきた。

20年ものキャリアは「本物の証」である。数々の手法を持つマルチでありながら、それぞれの道で卓越した能力を持っている先生だ。

表看板は占いと心理カウンセリング。「どちらも相談者の悩みに耳を傾け、完全に理解し、真に必要なアドバイスを提供することです」とエリシア先生は語る。ヒーリングで弱った体を回復させることもできるし、浄化・除霊で霊障から解放させる力もある。

霊感の強い家系で育ち、特に祖母がとても霊感の強い人で叔父は手相見をしていた。その血を受け継いだせいか、先生も霊感が鋭すぎ、それが原因でいじめにもあった。

ヒーリングを施し、不妊の女性を3人懐妊させた実績もある。霊障では、顔を真っ赤に腫らせた女性が来たことがある。恋愛問題を抱えており、彼女を恨む女性の霊が取り憑いていた。「どこへ行っても祓ってもらえません。たとえ祓ってもまたすぐに取り憑いてきます」と訴える。先生は二度と取り憑かれないよう生き霊を除霊した。除霊が成功したとたん、みるみる顔の腫れが引いていった。

その他膨大な実績があるのだが、この誌面だけではとても紹介しきれない。「アメブロエリシア」で検索すると先生の「花鳥風月時々占い」というブログが見つかる。

「悩める女性を救いたい」と先生は呼びかける。迷うことなく相談しよう。

いるりるの部屋

浅《あさ》野《の》美《み》和《わ》先生

得意とする内容：人間の成長・向上、本質の探究、量子力学の理解・研究、天然石を用いたチャネリング
解決手法：セミナー講師（量子力学）、天然石&タロット鑑定、カウンセリング
解決方法：セミナー、対面、チャット、電話
時　間：応相談（受付電話は午前中あるいはサイトから）不定休
料　金：セミナー　当日参加 3800 円、予約振込は 3500 円／ 90 分　対面は応相談
住　所：岡山県倉敷市
電　話：090-8998-6561
メールアドレス：asano943@gmail.com
ホームページ：https://miwa209.wixsite.com/product-design
https://twitter.com/asasora_kousi
アメブロ『いるりるの部屋』で検索!
Facebook『浅野美和』で検索!

いるりるの部屋公式ライン

■量子力学で人生を紐解く

量子力学に本気で取り組んでいる数少ない先生の一人だ。

量子力学も新聞などで取り上げられるようにはなったが、まだまだ一般的ではない。スピリチュアルの世界ではかなり前からブームになっているが、物珍しさに終わっている人も多い。連続してセミナーを開催している人は他にいないのではないか。

浅野先生は、量子力学の観点から、存在の本質、引き寄せの法則、言霊の世界、さらには宇宙や神の存在までをとことん突きつめて、それらを実にわかりやすく説明する。

人は誰でも成長したいという欲求を持っている、自己を知り、自分を高めていきたいと考える。それらの疑問を解消しながら各人の努力する。

人生に量子力学を応用して降りかかる問題の原因を知り、人生を切り拓くために指導している。自分とは何者か、自分の存在意義、これからの目標についてどうすれば最適かという疑問への回答を、量子力学や脳科学さらにはＤＮＡ振動学を用いてアドバイスしている。

量子力学は分子や原子、それを構成する光子など、ミクロな世界まで分解し、すべての存在を探究する学問である。量子力学によって自分の存在を知り、なぜ存在するのかも、どのように変化するのかも理解できるようになる。つまり自分の意思ひとつで、変化することが可能となる。

身体で体得してもらうために、先生のセミナーでは実験を行っており、体の反応と言葉の影響力を参加者全員が体験できる。たとえば離れてしまう指と指を離さないためにはどんな言語を使うか。言葉の波動と筋肉の波動の共鳴を知り、参加者はカルチャーショックを受けるという。自分の発した言葉に体が反応する。これを実人生に応用するのである。

興味を持たれた方に浅野先生はサブスクリプションの形で、継続的なフォローを提供している。２コースあり、１つが２０００円、もう１つが５０００円（月１回のセミナー付き）。「仕組みを知り、部品を与えられれば、物の作り方や改造方法がわかります。これをセミナーの中で教えています」と語る。

「多くの人は人間関係の悩みや仕事の悩み、健康やお金に不安を抱えています。その悩みから解放されます」と呼びかける。

このままではいけないと考えている人、行き詰まりを感じている人、先生の門戸を叩いてみよう。世界観が変わり広がっていくに違いない。

コラム column

森安商店代表取締役
全国卵商業協同組合副理事　森安政仁《もりやすまさひと》
日本サイ科学九州支部前会長
著書に『たまご社長が教える運をつくる仕事術』（三楽舎プロダクション）
『人生相談の専門家が教える逆運を福運に変える秘訣』（現代書林）
『光輝く人生　心の研究』（鷹書房弓プレス）がある。

命が消えるまで心身健康でいるために

私は40年以上、全国の縁ある方々の相談に乗り、心霊治療も無料で続けてきました。それは世のため人のためになりたいという思いと共に、自分自身のためでもあります。そこから様々なことを学んだり気づいたりしています。大切な心の勉強を続けているのです。

その中でわかった一番大切なことは「人間関係の調和」ということです。人間関係の調和が崩れると、何もかもうまくいきません。機会を見つけては繰り返しお伝えしていることですが、このたったひとつの真実を伝え続けていくことが自分の使命だと思っています。

私は、出会う人々と心をあわせて生きたいと願っています。人と仲良く、心からつきあうこと。人を愛することが心身の健康の秘訣だと実感しているからです。

肩こり、頭痛、腰痛、しびれなどがあると医者はストレスと言いますが、これらは現代の医学では解明されていない症状です。対処療法で緩和はできても、原因や根本的な治療法はわかりません。その多くについて、私は心のあり方だと考えています。

心の中は皆それぞれ違います。共通して言えることは、祈りの世界で悪い念を消していくことです。

人の心は顔に表れます。顔を見れば、その人の現在の生き方がすぐにわかります。顔の表情が暗く曇っている人は、争い事をしているか、心に悩みを抱えていることが感じられます。心がきれいであれば表情が明るく輝きます。何もかもがうまくいき、喜び、平穏、感謝とともにある日々が続きます。

●病気や要介護にならない方法とは

人間は誰でも年齢と共に身体が老化していきます。これは止められないことです。自分の身体と上手に付き合い、介護に頼らずに天寿をまっとうする人がいれば、自由がきかない身体になり、長い介護で自分も周りも大変なことになる人もいます。そこには肉体の状態だけでない原因があるような気がします。

今の自分の状態は、これまでしてきたことの結果です。そして今の自分の行いが、この先の自分の状態につながっていきます。老後の状態にはそれまでの生き方が表れるということです。

良い状態で天寿をまっとうするためには、穏やかな人間関係と正しい食生活、そして感謝の心。私自身、これで一生健康に過ごせると信じて実践しています。

介護のお世話にならないためには、若い時からできるだけ争い事をせず、他人に迷惑をかけないこと。世のため人のために尽くすこと。思いやりの心をもつことが大切だと思います。

悪いことをしてきた人の老後は厳しいはずです。もちろん、自分の間違いに気づいて、反省し、人のために尽くしていけば、神にも仏にも周囲の人々にも許されて、良い方向に進むことができるでしょう。たとえば私自身、心と身体の関わりを学ぶために血圧を測って気づいたことがあります。楽しい毎日を過ごした時は、血圧が通常より低くなります。人間関係で悩みがあったり、人から憎まれたり妬まれたりした時は、血圧が通常より10～20程度高くなります。すぐにはっきり表れるのです。夜眠れない時や、自分の中に怒りや憎しみがある時も血圧が上がります。

医学的にはストレスが原因だと言われますが、それだけでしょうか。現代の医学では、原因も解決法もはっきりしない不調がたくさんあります。心の中に毒があるとどんな薬も効かなくなります。これだけ科学が進んだ今でも、人間の心身については、わかっていることのほうが少ないくらいです。

私たちは、心と身体が合わさって自分という人間です。身体だけを検査したり診察したりしても、わかることにはかぎりがあるはずです。実際に、痛みや病気、原因不明の不調で苦しんでいる人が、争いをやめ、憎しみや妬みを捨てたことで調子が良くなる実例をたくさん見てきています。自分の目で見て聞いた本当のことなので疑いようがありません。

●身・心・霊を三位一体で整える

つまり病気には物理的なもの、心的なもの、霊的なものがあるということです。たとえばお腹が痛いというのは物理的な症状です。悪いものを食べてお腹が痛くなるのは、原因も物理的です。

しかし、仕事が忙しくストレスが溜まってお腹が痛くなることもあります。これは心的な腹痛です。そして、ご先祖様の中にお腹の病気で亡くなり、今も苦しんで助けを求めている人が送るメッセージもあります。これが霊的な腹痛です。争いや憎しみ、恨み、妬みなどから悪念、生霊を受けてお腹が痛くなるのも霊的なものです。

身体に水が溜まる症状の人は、お墓の中に水が溜まっているケースが多いそうです。ちなみに、内臓の不調はご先祖様からのメッセージ、腰や肩の不調は他人から受けるメッセージであることが多いようです。

特に多く見てきたのが肝臓の病気です。一般的に過度な飲酒は肝臓に良くないと言われます。しかし、楽しく仲良く酒を飲んでいる人は、毎日飲んでも肝臓の病気にはなりにくいように感じます。ストレス解消のために酒を飲む人は肝臓を悪くしています。それだけでなく、他人の悪口や不平不満が多い人、短期で怒りっぽい人は酒の量にかかわらず、もしくは酒を飲まなくても肝臓を悪くするケースが多いようです。

本当に人々の健康を考えるのであれば、この真実を広く知らせる努力をしてほしいものです。目に見えない世界のことを無視せずに、実際の例を研究したり、メディアで発表したりしてほしいと願っています。

●結婚という人生修行

老後の夫婦の生き方の参考になると思われる事例を紹介しましょう。ご主人85歳、奥様81歳のご夫婦が相談に来ました。半年前は元気だったのに、6カ月で奥様は腰と足が悪くなりヨチヨチ歩きの状態、ご主人は認知症を発症していました。

こうなった原因のひとつに、夫婦が争いを続けたことがあると考えます。争いの結果、両家のご先祖様が心配して、あの世で苦しんでいることの表れです。このままでは良いことはないでしょう。あの世からのメッセージに早く気づいて、どちらかが、もしくは互いに詫びていくことが必要です。

夫婦とは、育ちも生きてきた環境も違う人が縁あって結ぶ関係です。素晴らしいことであると同時に、人生の修行の場でもあります。ケンカはしてもいいけれど、互いにストレスを解消し短期間でスッキリと終わらせることが大切です。

70代～80代で共に健康なご夫婦に話を聞くと、どのご夫婦も共通して夫は妻に、妻は夫に互いに尽くす気持ちに満ちています。「ありがとう」「すみません」の素直な心で互いを思いやることが夫婦の生きる道であり、心身の健康のもとなのだと実感します。そして両家の父母を大切にすることで、老後に自分たちが子どもたちに大切にされることを確信しています。

どんな人にも、どんな人生にも欠点があります。それは修業であるかぎり当然のこと。足りないものを見るのではなく、やるべきことを一心に尽くしながら、感謝と許し、思いやりと「足るを知る」精神で生きていきたいものです。

●ご先祖様を敬う

いつまでも健康で幸せな生活を送るためには、ご先祖様を無視してはいけません。私たちが今ここに生きているのはご先祖様がいたからです。ご先祖様に感謝し敬うことは、生きることそのものとも言えます。私はたくさんの人から相談を受ける中で、その人たちのご先祖様の気持ちを汲んできました。

夫婦や家族にかぎらず、仕事の面などでも争いごとを続けているとご先祖様が心配して、あの世で苦しみを受けてしまいます。すると今世の私たちがどんなに努力しても、悪い方、悪い方へと進んでしまうような気がします。私の知るかぎり、争いごとの多い会社は皆ダメになっていきます。

財産争いによって苦しむご先祖様もたくさんいます。財産争いは人生の幸せを消し去ります。ご先祖様はあの世で苦しみ、現世での事業も家庭も良いことはありません。

このような相談を受けると、争いやその家には関係ない私でさえ眠れなくなります。その家のご先祖様が助けを求めてくるからです。

争いで得た財産はすぐになくなり、身体は痛みや病気で苦しみます。兄弟姉妹の心が調和しなければ、ご先祖様の守りは受けられません。そんな財産に意味があるでしょうか。財産よりもずっとずっと大切なものがあるはずです。私のアドバイスを実行して争いをやめ、愛のある行いを続けた人は不調が解消して喜んでくれます。素直な心のおかげで老後も幸せに過ごせるでしょう。

逆の話になりますが、ご先祖様の誰かが生きていた時に人知れず悩みをもち、苦悩したことが、喘息などの形で子孫に表れることがあるといいます。このようにご先祖様と私たちは見えない世界を通して深くつながっており、私たちの生き方は子孫に影響するのです。この世に生まれてきたのはご先祖様のおかげであり、自分のため、子孫のために修業をするためなのだと思っています。

ご先祖様は心配な時や苦しんでいる時だけでなく、喜んでいる時にもメッセージを送ってくれます。私の体験では、額や胸が温かく感じる、左足の親指が痛むといったことが体にきます。

●幸せも不幸も自分次第

私は人が幸せになること、不幸になることをたくさん見聞きしてきました。そして出会った事実を自分なりに研究してきました。そこで出した結論は、人は誰もが幸せになれるということです。

不幸になる原因は他人を傷つけること。他人を不幸にすること。他人の不幸を喜ぶこと。憎しみ、恨み、妬みや、人をけなしたり、いじめたり、バカにしたりすることは、すべて自分に返ってきます。

不平不満もいけません。今あるものに満足せず、悪い面だけを見ることに問題があります。そして、自分自身を大切にせず不摂生をしたり、悪いことをしたりすれば病気になります。嘘をつく、昔のことを根にもつ、くよくよする、そして人を愛せない。これも不幸の原因になります。

こういったことの多くは、ストレスが引き起こしています。そのストレスのもととなるのは不満、不安、自信のなさ、怒り、迷い、拒絶、思い通りにしたいというわがままなどです。

正しくまっすぐに生きること、正義を貫くことが健康で楽しく生きること、つまり幸せへの道です。

家族が仲良く、親孝行をする人。他人に感謝して、毎日「ありがとう」の心で生きる人。おおらかな心、穏やかな心で周りの人に好かれる人。世のため人のために尽くし、無償の愛で出会った人を助ける人。そして自分自身が幸せだと気づいている人。そういう幸せな人になるために、今日からできること、するべきことがあります。

●心の勉強から学んだ人生訓

ここからは、私が得た具体的な気づきや教訓を挙げておきます。

・人生の中で徳をもって人に勝つものは栄える。力をもって勝つものは、いつかは落ちていく。

・他人の幸せのために尽くすことは自分のために尽くすこと。

・無限の神様の力は偉大。人間は代理として生きていることを心得、常に神の心に近づくように努力すること。世のため、人のためを考え、出会う人を助けることが幸せの道だと思う。

・トイレ掃除をすると心が輝き寿命が伸びるはず。特に汚れた公衆トイレをきれいにすることは良い。

・相手に対し妬みや怒り、憎しみなどの想いを募らせると、それが悪念となって伝わり、発した本人も受けた相手も痛みなどで苦しむ。相手に対して敬い感謝する心（愛念）を伝えると、その心は相手に伝わり、相手も自分も心身が軽い感じがする。

・悪霊とは、あの世で苦しんでいる人が、この世の人に善を与えたり助けを求めたりするために存在するもの。この世の人たちにいろいろなメッセージを伝える役割をもつと考えられる。

・若い時に楽をすると、年をとって楽でいられない。若い時は外に出て苦労し、人生の修業をすることが、その後の人生に非常にプラスになるはず。楽をする人は魂を磨けない。岩（石）が転がって丸い石になるように、心も磨かれて滑らかになる。悲しいこと、うれしいこと、困難なことなど、さまざまなことに出会いぶつかり、反省したり味わったりしてこそ磨かれていくもの。

・不義理をすると自分の幸せが天から引かれる。他人に与えることで、やがて自分に返される。子孫のためにもギリ人情を欠いてまでお金や物事に執着せぬこと。

・天才とは先祖の前世において、汗と涙と脂の結晶となる努力のおかげでなる。

・善を行えば必ず善、悪を起こせば必ず悪に報われる。

・人を憎めば2倍になって自分に返ってくる。

・受けた恩は忘れずに、生ある限り報いること。

・神仏から与えられている運命の八部は自分次第で変えられる。六部が宿命、四部の努力で運命が変わる。

・仕事に心を尽くし、もって生まれた寿命以上にこの世に長く生きて新世の業を消すよう努めること。

・守護霊は妊娠4、5ヶ月で選ばれる。

・人の価値は学でもなければ金でもなく、ただひとつ心。世間でいう心の持ち方、心のあり方が、自分の生き様となる。

・他の人の運命を良くするために努力すれば、自分自身の運命も良くなる。

・愛を与えれば愛が返ってくるのが世の中の仕組み。

●健康長寿のために

最後に、健康長寿のための気づきや教訓を端的にお伝えしたいと思います。自身の経験とともに、たくさんの方々との出会いの中で、80歳~95歳までの人たちに聞いた経験談などから得たことをお伝えしたいと思います。

・長生きの秘訣はむやみに腹を立てないこと。嫌な思いは早く忘れること。心をきれいにし、世のため人のために働くこと。

・毎日を愛と仕事で生きることこそ健康なり。愛は宇宙の光なり。

・先祖に身を任せ、自分の仕事に一生懸命打ち込むことが肉体を長持ちさせる秘訣。

・肉体を大切にすれば健康になり心も穏やかになる。
・人と人とのつながりを大切にすること。毎日誰かが訪ねて来ることや出会いに感謝すること。
・家に閉じこもっているのはよくない。冗談を言い合い笑って楽しく暮らすこと。
・世のため人のために尽くし、先祖に感謝して夫婦仲良く、家庭でも外でも人と争わない。さらに夫婦の両家とも信仰心があって先祖も徳を積んでいるならば自ずと健康長寿となる。
・先祖が徳を積んでいる家系は長寿であり、人を助けることによって寿命が伸びていくと思われる。人を助けてこそ自分を助かる。
・心が明るく人間関係を良いほうに考える人は、年をとるにつれ若く見える。心が暗く人間関係を悪いほうに考える人、争いごとが続いている人は、年をとると共に老けて見える。
・人を憎まない、人に憎まれない生き方をすること。
・食事中は特に不平不満を言わないこと。憎しみや怒りなどをもたず、楽しい心、感謝の心で食事をすれば、内臓が活発に働いて良く消化吸収し、健康でいられると考える。

・自分の体験として、食欲のない時は「私の想念の過ちをお許しください」と祈ると正常になる。

心の最大の薬とは、安心して平穏に生きることではないかと思います。うれしく楽しい心であれば、血液はアルカリ性になり体内を巡って活力を与えてくれます。怒りの心を持ち続けていれば、酸性の血液になって全身に悪影響を及ぼすと思われます。

父親、母親、妻、夫など家族が仕事から帰ってきたら「お帰りなさい、ご苦労さん」と感謝とねぎらいの心で迎えること。その一言で1日の仕事の疲れも気持

ちも癒され和やかになります。こういった心の通い合う家庭、気持ちの通じる人間関係の中でこそ、皆に幸せが訪れるはずです。そして「また明日も頑張ろう」という気力がわいてくるのだと思います。

長崎で人気のカステラ職人さんから聞いた話が印象に残っています。何十年もカステラを作り続けているけれど、心に悪念がある時は良い製品ができないのだそうです。たとえば家族と言い争いをしてしまい、謝らないまま仕事をしていると、なぜか普段ならしないような失敗をしてしまう。店頭に並べられない二級品ばかりできてしまうというように、私にとってはとても納得できる話です。

素直な心で調和した人間関係を築き、幸せに天寿をまっとうする生き方を皆がしていけば、原因不明のウイルスや愚かな戦いなど恐れることはない。そんな思いのもと、健全な世の中であること、人々の心が平穏であることを祈らずにいられません。

霊視鑑定天龍占いの館「Dahlia《ダリア》」

天龍知裕《てんりゅうちひろ》先生

得意とする相談内容：開運・家運、人生一般、仕事、恋愛・縁談、子宝・繁栄、健康・体調など
鑑定手法：除霊、霊視鑑定、交霊、降霊、手相、タロット、四柱推命、方位学、姓名判断、西洋易学、気功
鑑定方法：対面、電話鑑定、オンライン（Skype）、遠隔
時　　間：9：00～19：00　定休水曜　完全予約制
料　　金：霊視鑑定　5000円／1時間、リピーター（再度）3000円、降霊5000円（詳細はホームページ参照）
住　　所：〒673-0881　兵庫県明石市天文町1-2-3
電　　話：090-6432-6572
サイトURL：https://www.tenryu-chihiro.com/

■幸せへの「道案内所」

除霊と降霊を中心に手相、タロット、四柱推命などの占いで定評のある先生で広島から明石市にかけての21年、修行時代も入れると30年になるベテランである。

特に、もって生まれた霊能力はかなり高く相談者から感謝されている。

「来るときはぐったりヘトヘトでも、帰るときには笑っている人が多いんですよ」とほほ笑みながら話す。

元々、TVによく出ていた霊能力者「伊藤良子先生」に施術をお願いに行って、その場でスカウトされた人である。

初めて神様が降りてきてからというもの、あらゆるものが視えすぎて困ったという。人が隠そうとしている内容が目に入ってくる。妊婦がいると、その胎児まで視えてしまう。誰もいないのに声が聞こえてくる。しまいには自分で制御できなくなり、ずいぶん苦しんだ。

　しかし、この力を「人助け」のために使おうと思った途端、余計なものが視えなくなった。

　相談者を苦しめている原因だけが視え、アドバイスだけが聞こえてくるようになったという。

　それ以来ずいぶん多くの人を助けてきた。

「私は『案内所』のようなものなのですよ」とおだやかに答える。

「その人を助けるのは私ではなく神様。その神様の元へ、間違いなく導くのが私の仕事なのです」ということだ。

　人気の裏付けとしての実力はかなり高く、同業者からの悪魔払いの相談も多い。

「Ｄａｈｌｉａ」館は天龍先生のような実力者数人が集まっており、姓名判断、タロット、四柱推命、ジオマンシー占いなどさまざまなジャンルを得意とする。

　お悩みの内容により、これら先生方へとつないでいき解決にあたる。問題を一人で抱えて苦しんでいる人の味方である。

幸せを求めて

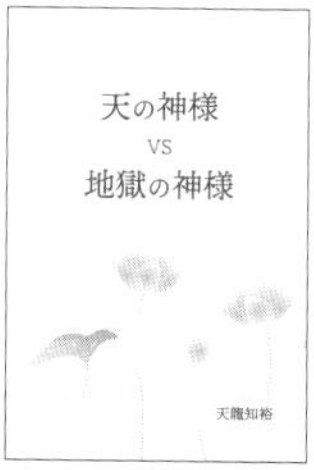

天の神様 VS 地獄の神様

宇宙の真理で未来は希望の光

この世で天国あの世で天国

愛占館《あいせんかん》／伊勢店

大鳥《おおとり》居《い》 龍《りゅう》孝《こう》先生

得意とする内容：恋愛、結婚、相性、家庭問題、捜索（人、動物、失物）、受験、進路、職場や学校の人間関係、健康、子宝、命名、経営相談、起業、開業、財運、適職、転職、人事、採用、仕事、住居、公事、時期、移転方位、家相、走物、訴訟など
鑑定手法：算命学、四柱推命、六壬神課（捜索占い）など
鑑定方法：対面、出張、メール・手紙・FAX
時　　間：12:00～18:00（予約優先制）定休日：水曜日　第2・4火曜日
料　　金：手相鑑定　1000円／10分、総合鑑定　5000円／30分　10000円／60分、姓名判断　10000円／1件、家相診断　5000円／1件（図面有）、家相診断　10000円／1件（図面無）、人生相談　10000円／60分、捜索占い10000円／1件、メール・手紙・FAX鑑定　5000円／1件
住　　所：〒516-0037 三重県伊勢市岩渕1-14-8
電　　話：0596-29-1230
ホームページ：https://www.aisenkan-iseten.com/　https://blog.goo.ne.jp/aisennkann（ブログ）

■精度の高い鑑定で幸福へと導く

「神々しい」とは、このような先生を言うのではないか。神都であり伊勢神宮がある伊勢市で鑑定を始め、たちまち人気となり、鑑定者は年間2000人を超える。

生まれついて神社にご縁があり、これまでも龍宮神社、水天宮、熱田神宮、伊勢神宮、箕曲中松原神社など、さらには陰陽道や修験道に導かれていると語る。

占いへの造詣も尋常ではない。東洋占術を得意として中国五術の（命・卜・相・医・山術）を主体に、神理算命学、四柱推命、手相、人相、家相、姓名判断、易学、風水やタロット、陰陽師で有名な六壬神課を体得し、幅広い相談に応える。

四書五経（論語・中庸・孟子・大学・易経・

詩経・書経・春秋・礼記）や万象学、陽明学、老子・荘子、孫子や呉子などの武芸七書の中国の玄学にも精通している。

ずいぶん難しい専門用語を並べているが、鑑定の精度はもちろん、たとえ運勢が悪くても、どうすれば改善して幸せになれるのかを親身になってアドバイスしてくれるのである。そのため、リピーターが多い。

個人には恋愛や結婚、相手との相性、病気、適職、子宝や子育て、姓名判断や命名、財運、学業、建築場所や時期、家庭の悩み、不倫問題など。法人には経営、採用、方位、後継者問題、家業など広範囲に占う。また、行方不明者、遺失物、犯罪逃走などの相談でも捜索占いを行い「探しものが見つかった」と感謝されている。

相談者からは「仕事がうまくいって成果が上がった」「結婚して7年間、子供ができなかったが、実践したら子供に恵まれた」「適職や行動範囲を知り、就職や学業、友人関係が良くなった」「難聴だったが、良い先生や良い病院に恵まれ、聞こえるようになった」「先生の言われた日に彼氏ができた」「自分自身の良い点と弱点が理解できた」「今の時期の運気が悪く、これから運気が上がってくる時期が解ったが、数年後やはりそうなった」などの反響が聞かれる。読者へのメッセージを聞いたところ、老子の言葉から「『上善如水』一番良いことは争わず、水の流れの如く流れること」、孟子の言葉から「『惻隠の心』『羞悪の心』『辞譲の心』『是非の心』この四端の心を忘れずに」と言われた。

台湾の姉

玉《ぎょく》仙《せん》妃《ひ》先生

得意とする悩み：開運・厄払い、性格、進路、恋愛・結婚、相性、ビジネス、健康、浄霊、方位
鑑定手法：神杯占い、亀占い、米占い、数字占い、漢字占い、パチンコ占い、筮竹、サイコロ占い、奇門遁甲（きもんとんこう）、厄除け
鑑定方法：対面、電話、オンライン、出張（別途、料金等詳細については応相談）、オーダメイド開運ブレスレット、霊符
時　間：受付時間 10:00-20:00（年中無休）※完全予約制
料　金：対面・電話・オンライン 15000 円／ 60 分・開運ブレスレット付き 25000 円／ 60 分、開運台湾式厄払い 6000 円／ 1 件、メール鑑定 5500 円／ 1 件、霊府 1 枚 10000 円～、出張鑑定 20000 円／ 60 分+交通費
住　所：〒 171-0043 東京都豊島区要町 1 丁目 1-10 サブナード要町 606 号　玉仙白龍館
連絡先：090-4943-3478　080-5520-6222　090-3231-5863
サイト URL：https://taiwan-ane.jp/　　https://2021haku.com
メールアドレス：taiwan.ane@gmail.com

■人生を占いに賭けて怖いほど当てる

日本で本格的な台湾式占いを提供してくれる先生である。「道教」の茅山派の師公のもと、教えを乞うたのは小学生の時である。習得した護符は全部で34枚。主に台湾式厄払いに用いるという。

国立大学の教授の父と実業家の母、祖父は政治家という家柄に生まれ、学生時代は成績抜群。2つの大学の修士課程修了後、アメリカ、フランスでタソラテラピーを学ぶ。

親の影響で教師の道や実業家としての道を進むも、どの道もしっくりこないなか、導かれるようにして占い師となる。

最適な人生に出会うまで遠回りをしてきたつらい経験と小学生のときから学んでいた占い。それこそが自分の使命として、自分のような遠回りの人生ではなくその人にとっての最適な道を早くから歩けるようにと、人々の幸福を願い占い師として人生を賭けたのである。

台湾で学び、日本に来て今ではトップクラスの占い師として高い評価を受けている。

幅広いメディアでも取り上げられ『王様のブランチ』（TBS）「スクール革命」（日本テレビ）スカパー、ABEMAなど。年間100以上のイベントにも顔を出している。

しかし、堅苦しところはなく、明るくよくしゃべる気さくな先生である。それでいながら、怖いほどよく当たる。実際に恋愛運、金運、健康、仕事運などが驚くほどよく当たると評判だ。

先生の大きな特徴となっているのが台湾式「36干支占い」だ。日本では12干支だが、台湾では36干支で占う。「陰陽五行」と「前世霊魂学」に基づいて編み出された世界一的中率が高いといわれている占いであり、それを使って精度の高い台湾式占いをできる数少ない先生である。

「日本の12支を生まれた時間の朝・昼・夜で区切ることで36支。生まれた年だけではなく、生まれた時間もプラスするため、より深く、詳しく自分の特性を知ることができます」たとえ占い結果が悪くても、運気を呼び込むアドバイスをする。最後まで決して見捨てないのがモットーだという。占いだけではない。霊符はもちろん、除霊・浄霊もよく頼まれる。事故物件のアパートや自殺の名所の浄霊、難病患者からの相談も多く、末期がんの患者を退院させることもある。

中国や台湾の有名企業には必ずお抱え占い師がついているという。何でも相談できる占い師は個人でも重宝だ。占いを命がけで学んできた玉仙妃先生を、お抱えの占い師にしてしまおうではないか。

日本時空心理学協会会員
一般社団法人日本占術協会認定占術士

アルタイル・ナスル先生

得意とする内容：仕事（転職）、恋愛、家族
鑑定手法：西洋占星術、ルーン、ルノルマンカード、タロット、ダウジング、周易など
鑑定方法：対面（先生の HP・メールから申し込み、または下記会場）、電話・メール（先生の HP・メールから依頼、coconala
時　　間：対面（① HP・メールからの申し込み／応相談、②東京／神公・社アトレ亀戸店５階、第１土曜日10：00～20：30、③東京／ミラ・フォーチュンダイエー東大島店、第２・第４水曜日12：00～17：30）、電話（応相談）
料　　金：対面（① HP・メールからの申し込み:2000円／20分、10分延長ごとに1000円、場所応相談・場所代交通費別、②東京／神公・社アトレ亀戸店５階：15分　3300円／15分、5500円／30分、③東京／ミラ・フォーチュンダイエー東大島店:1650円／10分）、メール（HP・メールから申し込む場合：3000円／1件）、電話（HP・メールから申し込む場合：1000円／10分）、※ coconala での鑑定についてはサイトは HP を参照
ホームページ：https://altair-nassr.com/、https://ameblo.jp/altair-magus7/（ブログ）、https://coconala.com/users/81579（coconala）
メールアドレス：altair-nassr@ozzio.jp

■進むべき道をみつけ最善の結果へと導く

西洋占星術、タロットなどさまざまな手法に精通し、丁寧で誠実、相談者の気持ちを分かってくれると評判の先生である。先生が占いに興味持ったのは、学校と合わず体調を崩した16歳のとき。自分だけでは悩みを抱えきれず、ある占い館で相談したことがきっかけだった。そこで驚くほど状況を言い当てられ、アドバイスで気持ちが軽くなった先生は、学校を出たあとルネ・ヴァン・ダール研究所で西洋占星術とタロットを学び、また別の所でほかの技術も修得。この道に入った。

現在は東京の亀戸と東大島で計月3回対面鑑定を開催。商業施設の中という気軽に立ち寄れる場所にありながらプライベートスペースが確保され、本格的な鑑定を受けることができる。

対面鑑定では、まずホロスコープで性格や運気の流れ、相手との相性を見る。その後タロットやルノルマンカード、ダウジングなど、相談内容に合った手法を組み合わせて占う。

メール鑑定も行っているが、そのメニューの中の一番人気はタロットカードだ。オールマイティだが、ひとつの物事を深く掘り下げるとき、特に恋愛で使うことが多いという。

相談は仕事・転職、恋愛、家族に関係することが多い。あるとき、先生のもとに遠距離恋愛中の恋人との関係に悩む女性が訪れた。彼と連絡がとれなくなり、どうすればよいか分からず途方にくれていたという。先生がダウジングによりり、彼から連絡が来るか来ないか、また来るとすればいつぐらいかを伝えると、相談者は安心して帰っていった。そして家で焦らずに待って過ごしていたが、まさに先生が言った通りの時期に連絡が来たという。

また、息子の受験を心配する母親には、タロットとダウジングで志望校の合否の確率と合格するという結果を導き出した。背中を押してもらったことで自信をもって受験に臨み、見事合格。感謝の連絡に先生もほっとしたという。

ここ数年人と会う機会が減り、自分を見つめ直す機会が増えた。「このまま会社で働き続けてもいいのか」「彼に会う機会が減り相手の気持ちを確かめたい」とひとりで悩む人も多くなったという。先生はそのような人たちに向けてこんなメッセージを寄せてくれた。「自分だけでは解決策をなかなか見出せませんが、占いでは必ず結果が出ます。気軽に相談に来てください」

ライフサポートマネジメント

高嶋庚周《たかしまこうしゅう》 先生

得意とする：子育てから生活・経営まで全般、町おこし・地域活性化、心身の不振、健康回復・免疫力強化
解決手法：占い、カウンセリング、ドイツ波動医学・バイオレゾナンス療法（波動セラピー）、風水
解決方法：イベント、出張、対面
時　　間：応相談　要予約　無休
料　　金：時間に関係なくお１人様5000円〜（遠方の場合別途交通費）
住　　所：〒838-0138　福岡県小郡市寺福童970-1
連 絡 先：090-4488-6832

■エネルギーを上げて元気に

新型コロナウイルスは、私たちの自由を奪い行動範囲を狭めてきたが、私たちの心や対話をより深く濃くする方向へ導いているのではないだろうか。私たちのアプローチが「行動」から「心理」へと変わってきたのである。

ここに注目して高嶋先生の始めたのが、僧侶としての占いでありカウンセリングだ。もともと先生は占いとカウンセリングを活動の中心としてきたが、それらのベースに仏教の教えを置き、僧侶ならではのアドバイスを提供するようにしたのである。

僧侶の認定試験には早くから合格しており、人々の心を救うために最近になって資格を申請し取得した。仏教にもいろいろな宗派はあるが、それを前面に出すことなく、共通する真理を説く。

「仏教の勉強をしたのはずいぶん若いころのことですが、年齢的に理解も深まっています。これを生かして多くの人に役立てたいと思います。」と先生は語る。

ドイツ波動医学の「バイオレゾナンス療法」も本格的に提供することにした。「音」や「振動」をエネルギーとして人間に働きかけることによって、心身の不具合を内側から改善する療法だ。ドイツでは広く普及しているが、日本国内ではまだ提供している人は少ない。レオメータという機械で波動を測定したり、指定の周波数の波動を送り出したりするのだが、このレオメータも10年ほど前から持っていた。レオメータによって7つのチャクラが開き、ふさぎがちな心も体も救済できる。とりわけ必要とされているのが、高齢者の方ではないかと先生は指摘する。レオメータを利用することで、気持ちがポジティブになり、施設にいても気がめいることなく、明るく生きていくことができる。

「認知症の改善や予防にも効果があります。もちろん足腰の衰えやその回復にも利用できるます」と先生は強調する。

子育てから生活・経営まで全般に対応し、呼ばれればどこにでも出向くというバイタリティあふれる先生だ。さらにその効果を倍増させるため、僧侶としての知識や知恵を生かしレオメータを活用している。先生の新たなパワーに期待し、ぜひ相談してみよう。施設やイベントにお招きしよう。

中国《ちゅうごく》長寿《ちょうじゅ》気功《きこう》整体院《せいたいいん》 中野島本院《なかのしまほんいん》

前徳《まえとく》芳江《よしえ》先生

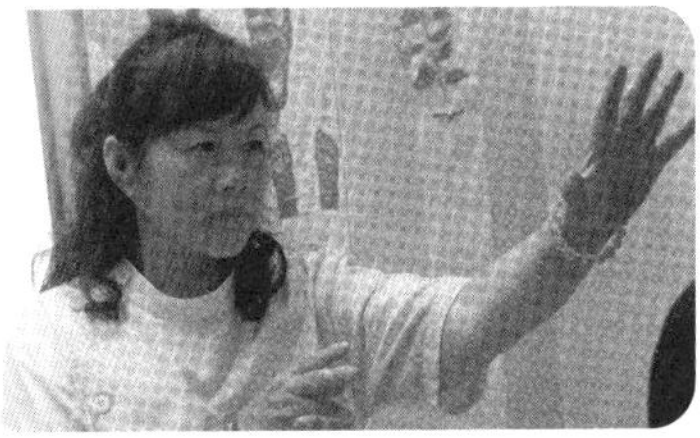

得意とする内容：病院では治らない症状や難病の改善、肩こり、腰痛、慢性疾患、脳梗塞、運動不足、眼精疲労、ケガの後遺症
施術手法：気功整体（小顔矯正、骨盤矯正、フェイシャルマッサージ、ダイエット）
施術方法：対面 ※要予約（電話又はホットペッパーから）
時　　間：10：00～13：00　14：00～20：00　休業 水曜日
料　　金：初診料 1500 円　整体料 4500 円 ダイエット気功整体 5600 円　※ HP に割引クーポン
住　　所：〒214-0011　神奈川県川崎市多摩区布田 2-25
電　　話：044-944-8855
ホームページ：https://www.c-kikouseitai.com/
https://beauty.hotpepper.jp/kr/slnH000269707/
お問合せフォーム：https://www.c-kikouseitai.com/

■中国5千年の歴史を誇る治療法を発展
独自の「気功整体」で難病をも改善する達人

生まれ故郷の中国・上海から１９８７年に来日。結婚、出産、子育てを経験するなかで、不調を訴える親しい人たちへの気功治療が評判となり開業を決意。幼いころ父親のぜんそくの発作を鍼一本で治す中医学の医師にあこがれ治療家を目指したことも相まって、一旦、中国に戻り漢方などの最新治療を学び直す。帰国後、気功と整体を組合せたオリジナル療法で開院。病院で治らなかった不調や難病が改善したという評判が口コミで広がり多くの患者が来院。テレビや雑誌などでも取り上げられるようになり、日本では知られていなかった気功治療を普及発展させたパイオニア的な存在の先生である。

肩こり、膝痛、リュウマチをはじめ、病院に行っても治らなかったヘルニアで苦しんでいた15歳の少年、ガンで余命宣告をされた50代の女性、指が動かくなってしまった有名演奏家など、症状が改善した方々からの紹介でも来院者が増加しているという。

　気功治療とは、人間の身体に流れている気をスムーズにすること。逆に、不調や病気や痛みは、その流れが滞った状態であり、前徳先生は、患者の発する臭いや手に触れるだけで、どこ悪いが分かるという。気功で悪い部分の邪気を取り除き正気を入れ、整体で頸椎や骨盤など身体のズレを修正して気の流れをよくする。気功と整体を融合した独自療法で改善した患者からの感謝が絶えない。

　現代病ともいわれる糖尿病、高齢化やパソコン作業による身体の痛み、女性の不妊、肥満などにおいても改善がみられるという。それは、気の流れが良くなることによって、ホルモンバランスが整い身体のリズムがよくなり、免疫力や代謝もアップからである。また、精神面の安定も図れることから、うつ患者が会社に復帰した実績もある。

　先生は日課として、多摩川にある栗の木の下で気功や太極拳、座禅で邪気を出し、樹木からエネルギーをいただいているという。

　日々、最高の状態に自身を整えている正気にあふれた先生のパワーを直接感じて欲しい。

　各地で施術がうけられるようにと、中国で修行した治療家向けの教育を実施。「中国長寿気功整体院」ブランドでお弟子さんが開院している。

　日々人々の悩みに真剣に向きあっている先生の気功を、病院では症状がなかなか改善しない方にぜひ体験して感じてもらいたい。

　一人で悩まずぜひ前徳先生に相談してみよう！

天津会《あまつかい》

村山政太郎《むらやままさたろう》先生

得意とする相談内容：人生・心身のあらゆる問題
解決手法：天学《てんがく》 術《じゅつ》
解決方法：対面
時　　間：予約制
料　　金：10000円／50分
住　　所：〒177-0041 東京都練馬区石神井町 7-9-3
電　　話：03-3995-5924　03-3995-5924
FAX：03-3995-5924　03-3995-5924
※天津会セミナー 毎月第１・3日曜日10：00～15：00 会費3000円
（神通力者になるための勉強会。昼食・お茶付き）

■生まれ落ちた時から天と通信

神がかった先生である。話すことも俗世間からかけ離れ、一般の人とはレベルが異なる。それでいて気さくで親しみやすい先生だ。

村山先生は、とんでもないパワーでさまざまな難病を克服してきた。西洋医学では見放されたような深刻な症状の病人が先生を訪れるのである。たとえば有名企業の会長が膠原《こうげん》病《びょう》に苦しんで、最後にたどり着いたのが村山先生であった。頭に大きな腫瘍のできた50代の男性も訪れ、先生の施術により改善した。

これら施術も独特だ。障害となっている箇所をピンポイントに探り当て、滞りをなくす。指先で相談者の身体をトントンと軽く叩き、手が勝手に問題のある部分を探り当て、癒していく。「土石流で道がふさがっているようなものですよ。土を取り除いて開通させれば、体はすぐに回復します」と答える。ＭＲＩでもＣＴスキャンでも見えない病根を探り当てるのである。

　霊障にも大きな力を持つ。水子や亡くなった方の霊を浄化して、相談者を不調から救う。「大きなお寺のご住職も相談にみえます。お力になっていると思います」と笑顔で語る。霊障でチャンスを失っている人も多いと指摘する。

　話し出せば止まらない。体のこと、生きること、政治のこと、宇宙や神のことなど、とりとめもなく広がる。

　先生の学問と技術は天学術《てんがくじゅつ》として集大成されているが、先生の全体像はつかむのは極めて困難だ。先生自身著作も多く、今まで17冊にも及ぶ。それだけ出版してもまだ足りないと嘆く。訴えたいことがありすぎるのだ。たとえば近著に「大宇宙の別天天国に行く」があり、天国を越えた「別天天国」に帰天する方法を天界図で示している。

　先生の学問と技術の一端を教えてセミナーも開講している。「こちらから一方的な施術では完璧ではありません。お客様にも理解して欲しいことも多いのです」と、自身の技術の一端を解放している。実際に先生と同じ神通力を習得し活躍している人もいる。

「金銀も石油も地下にあります。地下は地獄。これに対し、天国とは対局にあります。鉱石のような重いものに固執しては、いけません。身を軽くして天国、さらには別天天国に登りましょう」と村山先生は呼びかける。

コスモ8《エイト》

前澤紀子《まえざわのりこ》先生

得意とする内容：心身の健康、ひきこもりの改善
施術手法：カウンセリング、栄養健康相談〔デトックス相談〕、波動測定、遠隔テラピー、遠隔浄化（建物・人物）、量子加工サービス（対象物：電子レンジ、眼鏡、自転車、スマホ、楽器、テニス・卓球ラケット、グローブ、ドライヤー、携帯電話、電子機器など身の回りの愛用品）
施術方法：遠隔（電話）、対面
時　　間：応相談、不定休
料　　金：遠隔テラピー24600円／1日2回×1カ月（入会金24600円のところ本書読者は入会金免除）、場の浄化20000円～（遠隔のみ）、その他（人物）の浄化（表慰霊）10000円～（遠隔のみ）、量子加工サービス／期間限定：1週間加工1100円、30日加工3300円〔上記以外の期間:応相談〕、波動測定（外部委託）／15000円～〔時間制につきご相談ください〕
住　　所：102-0084　東京都千代田区二番町（最寄り駅麹町駅から徒歩2分、四ツ谷駅から徒歩10分）
電　　話：080-7491-1688
メールアドレス：msdnew6@gmail.com

■パワフルな浄化で邪気を取り払い土地、物、人が生まれ変わる！

都心の一等地にサロンを構え、プロの音楽家から元銀行支店長まで数多くのリピーターを抱える前澤先生。子供の頃からご先祖様に語りかけられるなど強い霊感があった。また、栄養士の資格も保持しており、相談者の方の悩みについて目に見えるもの見えないもの双方からアプローチできるという。

この道に入ったきっかけは、ある雑誌から声をかけられたことだった。それまでは会社の同僚の体調不良の原因を波動測定により突き止めるなど内々に活動していたが、その雑誌に記事を寄稿すると相談者が瞬く間に増え、口コミで評判も高まっていった。

相談者には解毒、排毒、浄霊、カウンセリングをし、その後それぞれに合った施術を行う。

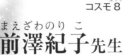

メニューの中でまず紹介したいのが量子加工だ。眼鏡、靴、自転車、家電など相談者の身の回りの物に遠隔で施すが、楽器もその一つ。先生のクライアントには多くの音楽家がいるが、ある時リサイタル前の演奏家の楽器を写真に撮ると一つひとつの粒子にいろいろな邪気が入っている。そのため先生は、特別な機械を使って楽器に加工をし浄化、エネルギーを入れる作業を実施。全く別の物に生まれ変わった楽器を手に取った相談者からは「演奏時に楽器の音が全く異なる、持てる力を最大限に発揮できた」と感謝されたという。

土地の浄化もまた先生が得意とするところだ。これはもう一人のテレセラピーの先生と組んで行う。ある第三セクターのトップに依頼された時のこと。当時怪しげなコンサルタントが出入りし、金銭的なトラブルも多かった。先生がオフィスに入ると、蛍光灯が青白い光を放ち、冬でもないのに中は冷え冷えし、寒々しいのは誰もが感じるところであった。波動も荒れておりよくなかった。そこで先生が感じたのは、地球レベルで悪事を行う大魔神のような邪悪な存在。早速浄霊し昇天させると、部屋が一気に明るくなり、運気が上がりその後運営も順調になった。

さまざまな業界の人々から信頼される先生。本書の読者に宛てたメッセージでは、ご自身の強い思いを込めてこう話す。「人生がうまくいかない時は藁をも掴みたくなりますが、その藁が天につながっていないと、スピリチュアル巡りなど無駄な努力をすることになります。私に相談してくれた人を決して路頭に迷わせません。一人で悩まずに相談してくだされば解決できるはずです」

佐倉治療院

Mr.K（佐倉賢亮《さくらけんすけ》）先生

得意とする悩み：椎間板ヘルニア、分離症、狭窄症、人工股関節やパーキンソンによる歩行困難、介護認定3、癌・脳梗塞・心筋梗塞の再発予防
施術手法：第六感改善プログラム....The Sixth Sense Therapy program....
施術方法：訪問、出張、セミナー、ZOOM ← 50分枠にて無料ZOOM相談受けています
時　間：応相談
料　金：体験セミナー7000円~、訪問86,255円~
住　所：名古屋会場　〒467-0055　名古屋市瑞穂区中根町2-16-2
東京会場　〒101-0025　東京都千代田区神田佐久間町1-14　第2東ビル
電　話：052-832-6750
携帯電話：080-1586-3979
ホームページ：https://japan1.tokyo/　Youtube『Mr.K_TOKYO』で検索
https://ameblo.jp/arisanana758/　アメブロ『佐倉賢亮』で検索
メールアドレス：sakura@japan1.tokyo

スピリチュアル系ではなく、医療系である。
心理的ではなく、物理的（量子力学）だ。
即効ではなく、1年かけてじっくりと向かい合う。
すぐに効果は確認できるものの、基本1年単位で体質を変えていく。

多くの点が他の先生とは異なるが、それでいて大きな説得力や信頼性が感じられる。車いすの方を同年代レベルあるいはそれ以上に元気にして歩けるようにする。指定難病だったのに、寿命で亡くなる直前まで元気だった人が7人いる。相談者からはもちろん、その主治医からも「奇跡」だといわれる。「次元が違う」ともいわれる。

先生自身が20代のころ寝たきりで、あらゆる療法に挑戦。自力での回復に成功し、30年近くかけてそれを療法として確立し提供している。手かざし療法のようだが、このスペースでは説明しきれない。まずは7000円からの体験セミナーを受けてみよう。家族でも受講でき驚きの効果がわかる。

自由が丘開運学院

秋山《あきやま》勉《つ》登《と》務《む》先生

得意とする内容：占い師養成
占術手法：気学・風水、易学（周易）、四柱推命、手相・人相、西洋タロット、西洋占星術など
占術方法：通学、通信（気学・風水）　※ともにオンライン生配信、アーカイブ録画あり
時　　間：13：00〜16：00（各コースの曜日はHP参照）
料　　金：入学金：22000円（税込）、通学：1クール（12回）／13万2000円（再受講1クール分無料）、
通　　信：（気学・風水）52850円方位盤・月命早見表付、
（https://fortune-lesson.com/e-learning/kigakufuusui/）
住　　所：〒152−0035　東京都目黒区自由が丘2−16−19　自由が丘メープル501
電　　話：03−3725−9946
ホームページ：http://www.kaiungakuin.com/
公式LINE：https://service.cropa.me/line/kotobuki.life/MDT8VmlhSf。
メールアドレス：jiyugaoka.uranai@gmail.com

「占いは古代からのデータが蓄積された、人類の知恵が詰まった学問。だからそれを学ぶとことは本当に素晴らしいことなんです」そう語るのは、ご自身も長年占い師として活躍してきた学院長の秋山先生だ。学院では、趣味として学びたい人やプロを目指す人までを対象に、気学・風水をはじめ多彩な講座が開かれている。

1985年にお母様で現会長の秋山勉唯絵（つたえ）先生が開校。2代目学院長として、独自のノウハウを用い懇切丁寧に指導にあたっている。授業は少人数制で家庭的な雰囲気のなか、実際の鑑定を念頭において行われる。受講者や卒業生も、「身近な話から分析していくことが多く、内容がわかりやすい」「的確かつ前向きなアドバイス方法も学べる」と、実際に役立つ授業を高く評価している。

「占い師に定年はありません。鑑定結果と豊かな人生経験から来るアドバイスを相談者に伝えることで、人の役に立つことができるだけでなく、生徒さんご自身の生きがいにもなるでしょう」と先生は言う。まさに自分自身の可能性が広げることができる学びの場である。

ヒーリングサロン Twinkle《トゥインクル》

和《わ》田《だ》やす子先生

得意とする内容：人生全般（人間関係など）
解決手法：カウンセリング、ヒーリング（相談者のエネルギーを整える）、ペットLoving message、レイキ
解決方法：遠隔（電話、LINE）、対面
時　　間：平日（19：00以降）、土日（応相談）、要予約
料　　金：初回 8000円／約90分、２回目以降 5000円／約90分
住　　所：〒918−8076　福井県福井市本堂町48−1−7
電　　話：090−2838−3110
ホームページ：https://twinkle-alisu.com/
インスタグラム：twinklelovearis
メールアドレス：p27a2237867hadq@r.vodafone.ne.jp

先生が代表を務めるＴｗｉｎｋｌｅでは、「今の状況から脱したい」「希望を持って生きたい」と悩む相談者に、丁寧なカウンセリングとヒーリングで意識の変換を促し、自分らしく生きられるよう手引きをしてくれる。

幼少期から生きづらさを抱えてきた先生は、高校時代、不思議な体験をきっかけに「宇宙と地球と人類の間にある何かを一生かけて突き止める」と固く決心。成人後は姉の闘病や義父の介護など様々な経験をした後、ある日意識の変革が起こり始め、導かれるようにヒーラーの世界へと足を踏み入れることになった。

セッションでは相談者の思考のくせやエネルギーを読み取り、思考パターンの変え方をアドバイス。ボディヒーリングも行う。「命も魂も救われた」「望む環境を手に入れた」という相談者の言葉からも分かるように、多くの人を幸せへと導いている。「ベクトルを自分に向け、負の感情に蓋をせずきちんと受け止められれば望みを現実化できますよ」

この世界は仮想空間、中身は自分で作ると説く先生の施術は、悩みをわくわくするような思いに変えてくれる。未来は希望と光の世界です。

星の音

榊原茶茶《さかきばらちゃちゃ》先生

得意とする内容：魂のホロスコープ星読み鑑定
占術手法：西洋占星術ホロスコープ　九星学　風水　手相人相術　タロット　気功太極拳　東洋医学
占術方法：鑑定一対面　遠隔（ZOOM）、講座・クラス 、レクチャー・講演
時　　間：平日・土日　10：00～20：00　要予約　不定休
料　　金：対面鑑定セッション：11000 円／60 分 ※オンライン同額
（本を見た方限定：初回 16500 円のところを 15000 円に！）
「星の音・占い塾<星読み・ホロスコープ養成>初級／中級」各 165000 円
※その他手相タロット、法人鑑定などあり、詳しくはホームページをご覧ください。

住　　所：〒225-0002　神奈川県横浜市青葉区美しが丘 1 丁目 13 番地 10 吉村ビル 107「まちなか biz あおば内」
電　　話：090-7686-1317
ホームページ：http://www.chacha777.com
メールアドレス：sen@chacha777.com
senchacha778@gmail.com

申込フォーム　　ホームページ

東洋も西洋占術も操る30年のベテラン占術家。大手新聞社系カルチャーセンター等講師としても活躍。占術×東洋医学、気功太極拳をコラボさせた、心と体の両面からのアプローチと具体的でシャープな星読み鑑定とクラスが人気の先生である。プロに導く占い塾も好評！「可能性を解放し、アナタらしく生きる」をコンセプトに、ホロスコープ、手相、タロット、九星気学などの占術と、気功太極拳、東洋医学との融合で総合的に人生を好循環へと導く。

内容は、出生図と三重円からみる宿命と運命、太陽回帰図や月回帰からみた未来にかけて具体的な人生計画を立てていく。

講座では、背負ってきた人生の鎧を外し、自分軸の人間関係を築けるようになると好評だ。冥王星が移動する「本格的な風の時代の始動」の2024年11月以降、地球も、そこに生きる私たちもサナギから蝶へと大変容をしていくタイミングに生きているという！だからこそ、自分を知る星読みが役に立つと言う。

今こそ「真実のあなたに会える異次元の占い」を体験して頂きたい。

三楽舎プロダクション

上江裕子《かみえひろこ》先生

得意とする相談内容：あなたの中にある得意なことを発見
解決手法：コンサルティング
解決方法：zoom
時　　間：応相談
料　　金：無料
住　　所：〒170−0005　東京都豊島区南大塚3−53−2　大塚タウンビル3階
電　　話：03-5957-7783　　03-5957-7784
メールアドレス：hk@sanrakusha.jp

スピリチュアル系の仕事をしていきたい人のデビューまでの支援や活動の拡大のサポートをして18年が経つ。「占いに興味がある」「何から始めればいいかわからない」「自分にもできるか自信がない」といったレベルの方に無料で相談にのることから、コンサルタントとしても活動している。

「スピリチュアルが好き、占いが好きいう人が、好きで終わらせずに、しっかり仕事としてやっていかれるように応援したい」と語る。これまで1000人以上の占い師・ヒーラー・施術家の人と関わってきたことから、「その人が本当はどのような面の能力に秀でているのかを見つけるのが得意であり、さらには一緒に探り出していきます」

十分な能力があるのに、その能力を生かし切れていない人も多いし、それ以前にどのような能力を持っているのかさえわかっていない人も多い。

そのような人の眠れる能力を発掘し、活躍できるように応援してきた。現在も、三楽舎プロダクションでスピリチュアル関係の書籍を出版したり、セミナーを開催したりしている。

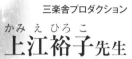

読者動画プレゼント

この度は、本書をお買い上げいただきましてありがとうございました。

本書にでている先生より動画メッセージと先生からのお得なお知らせがございます。今すぐ下記のＱＲコードを読み取って御覧ください！または、hk@sanrakusha.jp までメールにて件名「読者動画プレゼント希望」と書いてご応募ください。

（すべての先生は出ていません）

●本書をお読みいただいたみなさまへ

この度は、数ある本の中から本書を選んでいただきましてありがとうございました。

本書は、心とからだとお金の悩みを抱えた方へ向け、運気を上げ願望を叶えさせる専門家を紹介している書籍となります。

人生にはいろいろなことが起きます。

つらいとき、孤独感でいっぱいのとき、この「34 人の先生」方があなたに寄り添い、しっかりと話を聴き、背中を押してくれることでしょう。人生を変えたい方、一歩踏み出せないでいる方が、思い描く人生を歩んでいかれるように、共に考え、気づきを与えてくれることでしょう。

あなたにとって最高の先生に出会えますことを願っております。

なお、掲載されておりますデータは 2023 年 4 月現在のものとなります。料金、時間は変更されることもございますので、事前にご確認されますことをお勧めいたします。

2023 年 5 月 10 日　第一刷発行

あなたの運を上げ願望を叶える専門家
ベスト 34 人

発行所　（株）三楽舎プロダクション
〒170-0005　東京都豊島区南大塚 3-53-2　大塚タウンビル 3 階
電話　03-5957-7783
FAX　03-5957-7784

発売所　星雲社（共同出版社・流通責任出版社）
〒112-0005　東京都文京区水道 1-3-30
電話　03-3868-3275
FAX　03-3868-6588

印刷所　創栄図書印刷
装幀　マルプデザイン（佐野桂子）
DTP制作　CAPS

万一落丁・乱丁などの不良品がございましたらお取替えいたします。
小社までご連絡をください。
ISBN978-4-434-31962-4　C0011

三楽舎プロダクションの目指すもの

三楽舎という名称は孟子の尽心篇にある「君子に三楽あり」という言葉に由来しています。

孟子の三楽の一つ目は父母がそろって健在で兄弟に事故がないこと、二つ目は自らを省みて天地に恥じることがないこと、そして三つ目は天下の英才を集めて若い人を教育することと謳われています。

この考えが三楽舎プロダクションの根本の設立理念となっています。

生涯学習が叫ばれ、社会は少子化、高齢化さらに既存の知識が陳腐化していき、われわれはますます生きていくために、また自らの生涯を愉しむためにさまざまな知識を必要としています。

この知識こそ、真っ暗な中でひとり歩まなければならない人々の前を照らし、導き、激励をともなった勇気を与えるものであり、殺風景にならないように日々の時間を彩るお相手であると思います。

そして、それらはいずれも人間の経験という原資から繭のごとく紡ぎ出されるものであり、そうした人から人への経験の伝授こそ社会を発展させてきた、そしてこれからも社会を導いていくものなのです。

三楽舎プロダクションはこうしたなかにあり、人から人への知識・経験の媒介に関わり、社会の発展と人々の人生時間の充実に寄与するべく活動してまいりたいと思います。

どうぞよろしくご支援賜りますようお願い申しあげます。

三楽舎プロダクション一同